1877~1878년 영남 유림의 서원 복설 운동

– 역주『청사원복설소소청록請祠院復設疏疏廳錄』–

■ 저자 소개

총괄
조명근(영남대학교 역사학과 부교수/민족문화연구소장)

해제
이수환(영남대학교 역사학과 명예교수)

탈초·번역
김남규(영남대학교 한문학과 강사)

역주
이광우(영남대학교 민족문화연구소 연구교수)
채광수(영남대학교 민족문화연구소 연구교수)

1877~1878년 영남 유림의 서원 복설 운동

　– 역주『청사원복설소소청록請祠院復設疏疏廳錄』–

초판 인쇄　2025년 08월 18일
초판 발행　2025년 08월 25일

편　자　영남대학교 민족문화연구소

펴낸이　신학태
펴낸곳　도서출판 온샘
등　록　제2018-000042호
주　소　서울시 용산구 한강대로62다길 30, 트라이곤 204호
전　화　(02) 6338-1608　팩스　(02) 6455-1601
이메일　book1608@naver.com

ISBN　979-11-92062-54-9　93910
값　20,000원

이 저서는 2022년 대한민국 교육부와 한국연구재단의
지원을 받아 수행된 연구임(NRF-2022S1A5C2A02093518)

1877~1878년 영남 유림의
서원 복설 운동

–역주『청사원복설소소청록請祠院復設疏疏廳錄』–

영남대학교 민족문화연구소 편

도서출판 온샘

책을 펴내며

영남대학교 민족문화연구소는 2019년 한국연구재단의 인문사회연구소 지원사업에 선정되어 〈동아시아 서원 문화와 글로컬리즘〉이란 주제로 연구를 진행해 왔다. 이 연구는 동아시아 유교 문화권에서 서원이 갖는 보편성과 특수성을 확인하여, 현대적 활용과 계승을 모색하고자 기획되었다.

지난 6년 간 연구를 수행하면서 『동아시아 서원의 기원과 제의례의 완성』(2021), 『동아시아 서원 아카이브와 지식 네트워크』(2022), 『동아시아 서원의 일반성과 다양성』(2023), 『한국 서원의 로컬리즘』(2023), 『근대 이후 동아시아 서원의 변용과 전개』(2024), 『중세 서원과 대학, 그리고 전환기 중국 서원의 변모』 등 6종의 민족문화연구총서, 『역주 옥원사실』(2021), 『영남서원자료선집 Ⅰ』(2024) 등 2종의 민족문화자료총서를 연구 결과물로 발표하였다. 그 중 『동아시아 서원의 기원과 제의례의 완성』은 '2022년 대한민국학술원 우수학술도서'로 선정되어 학술적 가치를 인정받았다.

이번에 간행하는 민족문화자료총서 제35집 『1877~1878년 영남 유림의 서원 복설 운동』은 영주 소수박물관에 소장된 『청사원복설소소청록講祠院復設疏疏廳錄』을 역주한 것이다. 〈동아시아 서원 문화와 글로컬리즘〉 연구팀은 2단계에 걸친 사업 과정에서 한국뿐만 아니라 중국 측 서원을 조사하고 관련 자료를 수집·정리하였다. 조사된 자료는 선별하여 '자료선집'으로 간행하였으며, 학술적으로 주목할 만한 성책 자료는 국역을 진행하였다. 이에 지난 1단계에서는 경주 양동마을 무첨당에 소장된 『옥원사실』을 『역주 옥원사실』로 간행하였다. 『역주 옥원사실』은 19세기 옥산서원에서 전개된 서류庶類 소통을 둘러싼 여러 갈등 양상을 담은 향전鄕戰 기록으로서, 이 시기 향촌 사회사를 살펴보는 데 매우 중요한 자료이다. 그리고 2단계에서는 이번에 『청사원복설소소청록』을 역주서로 간행하게 되었다.

『청사원복설소소청록』은 1877~1878년 전개된 영남 유림의 서원 복설 운동을 담고 있다. 1868년과 1871년 흥선대원군은 서원훼철령을 통해 47개소를 제외한 전국의 서원과 사우를 모두 철폐하였다. 서원 철폐는 유림에게 큰 충격이었다. 서원은 단순히 강학 공간이 아니라, 유림의 사회적 지위와 정체성을 담보하는 곳이었다. 이에 전국의 유림들은 서원 복설을 청원하는 각종 운동을 전개하였다. 이때 작성된 『청사원복설소소청록』은 당시 서원 복설을 청원하는 상소의 전말을 담고 있는 일기 자료이다. 『청사원복설소소청록』은 서원 복설에 가담한 영남 유림의 동향뿐만 아니라, 변혁기 전통을 고수하려는 보수 유림의 동향을 잘 보여주는 자료로 평가된다.

『청사원복설소소청록』 역주서는 당시의 시대상을 잘 드러내기 위해 제목을 '1877~1878년 영남 유림의 서원 복설 운동'으로 정하였고, 원 자료의 표제는 부제로 표기하였다. 본 역주서가 나오기까지 많은 분들의 노고가 있었다. 해제를 맡아 주신 이수환 선생님과 번역 및 역주를 담당한 김남규·이광우·채광수 선생님, 본 사업의 공동연구원으로서 역주서가 나오기까지 많은 조언을 해 주신 정순우·배현숙·정병석·류준형·이우진·이병훈·황혜진·배다빈 선생님께 감사드린다. 마지막으로 어려운 여건 속에서도 편집 및 간행에 노고를 아끼지 않은 도서출판 온샘의 신학태 사장에게 감사드린다.

2025년 8월
연구책임자 조 명 근

책을 펴내며

『청사원복설소소청록』
請祠院復設疏疏廳錄

해제

『청사원복설소소청록請祠院復設疏疏廳錄』 해제*

이 수 환**

I. 서지 사항

소개하는 『청사원복설소소청록』[1]은 1877년(고종 14) 6월부터 1878년(고종 15) 1월까지 영남 유림계의 서원 복설소 활동의 전말을 기록한 것이다. 현재 이 자료는 영주시 소수박물관에 소장된 필사본이며, 소수疏首로 활약한 예천 출신 박주종朴周鍾의 문집 『산천선생문집山泉先生文集』에도 수록되어 있다.

1책 23장으로 구성된 『소청록』의 크기는 가로 16.8cm×세로 25.8cm이다. 『소청록』에는 상소의 준비 단계, 상소문 작성, 상경 일정 및 복합伏閤 활동, 복합 당시 감시感詩, 참여자 명단인 파록爬錄 체제로 편제되어 있다. 본 자료에 수록된 구체적인 제목을 열거하면 다음과 같다.

「소본疏本」, 「금곡수위초金谷首位草」, 「유곡소수단자酉谷疏首單子」, 「하회소장의류도성河回疏掌議柳道性」, 「금곡소수단자金谷疏首單子」, 「서곡소수저락수회중서西谷疏首抵絡修會中書」, 「우저금곡수석서又抵金谷首席書」, 「금곡수석답서金谷首席答書」, 「여하상서與

---

  * 본 해제는 채광수, 「대원군 하야 후 서원 復設의 동향과 儒疏 활동」 『고문서연구』 65, 2024를 참고하여 정리한 것이다.
 ** 영남대학교 역사학과 명예교수.
 1 이하는 『소청록』으로 약칭한다.

河上書」,「안동수남제유저소수회중서安東水南諸儒抵紹修會中書」,「상주귀호김씨문찰尙州龜湖金氏門札」,「지강유생열명서芝崗儒生列名書」,「영천로원김진사철수서榮川魯園金進士喆銖書」,「풍기부계김원수서豊基芙溪金遠銖書」,「소원발행시통도내문紹院發行時通道內文」,「호계제유통삼계문虎溪諸儒通三溪文」,「호계제유통삼계문虎溪諸儒通三溪文」,「저태학통문抵太學通文」,「복합시통본도열읍문伏閤時通本道列邑文」,「소근사혜림석명저열읍복사통소斤使兮林石鳴抵列邑僕私通」,「승저환향시통도내문承抵還鄕時通道內文」,「통소수서원문通紹修書院文」,「칠도소청유생저영남소청간통七道疏廳儒生抵嶺南疏廳簡通」,「칠도도회소통영남소청문七道道會所通嶺南疏廳文」,「청복사원상소대개請復祠院上疏大槩」,「전수찬박주운소본前修撰朴周雲所本」,「수위장기청복서원이소사유별제군자병소서首位丈記請復書院詒疏事留別諸君子並小序」,「송오장권재연족산천옹유별운松塢丈權載璉足山泉翁留別韻」,「복합시만성일률정수위장伏閤時謾成一律呈首位丈」,「파록爬錄」.

문서 말미에는 상소에 참여한 70명의 명단이 성명·자字·생년간지·본관·거주지 순으로 기재되어 있다.

II. 소청활동

1873년(고종 10) 최익현의 상소를 계기로 흥선대원군이 하야하고, 다음 해 존명의리를 상징하는 공간이자 노론의 성지였던 만동묘의 복묘復廟 조치가 이루어진다. 단, 국가에서 운영한다는 전제 조건을 덧붙였다. 그럼에도 그 여파로 인해 전국에서 서원 복설 주장이 빗발치기 시작했다. 연대기 자료에 수록된 약 50차례의 서원 복설 상소가 이를 증명한다. 이는 대원군 훼철 때 보다 양적으로 크게 늘어난 수치이다.

서원의 존망을 영남의 존망으로 인식하던 영남 유림계에서도 본격적인 복설 운동에 돌입한다. 이에『소청록』을 바탕으로 대원군 하야 이후 서원 복설 활동의 실체를 추적해 보자. 서원 복설소 논의는 안동 내성乃城에 있는 삼계서원[享 권벌]에서 시작되었다.

"지난 신미년(1871) 여름 소장疏狀을 올리고 소득 없이 돌아온 뒤 우리 유림에서 애통하고 한스럽게 여긴 지가 이제 10여 년이나 되었습니다. 토규兎葵와 연맥燕麥 같은 잡초들이 감회를 일으키고, 영남의 장덕長德들께서 차례로 돌아가시어 지금 후생 된 사람은 푸른 기둥과 깎아놓은 서까래가 어떤 위엄을 갖추고 있는지, 읍양과 진퇴의 예절이 무슨 일인지도 까마득히 알지 못합니다. 그래서 달려갈 곳이 날마다 무너지고 우리의 도가 날마다 고립되면 우리는 앞장서는 이도 없고 뒤따르는 이도 없어 이런 예전에 없던 변고를 만날 터이니, 어찌 처음부터 끝까지 가만히 죽기만 기다리고 말겠습니까? 일의 성공 여부는 모두 저 푸른 하늘에 뜻을 맡겨두고, 한 번 대궐에 호소하는 일은 바로 지금 그만둘 수 없는 것입니다. 그러나 중대한 일은 한쪽에서 마음대로 결정하여 처리할 수 없습니다. 부디 귀중에서 통문을 발송해 모임을 정하시어 충분히 논의하여 일을 함께하는 자리를 마련하시기를 몹시도 바랍니다."

위 인용문은 삼계서원에서 노림서당[享 남치리]에 복설소 모임 발론을 청한 통문이다. 이를 수락한 노림에서는 면중面中에 회유回諭해 7월 15일 귀담서당을 당회소로 삼았다. 15일에 다시 26일 안동에서 가장 오랜 전통을 자랑하는 태사묘[2]에서 향회를 열기로 하고, 안동을 대표하는 핵심 서원인 호계·삼계·주계·병산서원 4곳에 통문을 발송했다.

향회 결과 추수 후 8월 29일 의성향교에서 도회를 개최하기로 합의했고,[3] 발통發通은 삼계와 노림에서 담당했다.[4] 당시 병산은 이 논의에 불참

---

2 태사묘는 조선 후기 지역 사족들의 회합소였으며, 향촌 활동에 필요한 자금을 제공한 시설이었다. 김명자, 「조선후기 안동 태사묘의 운영 양상과 그 역할」『국학연구』 39, 2019.
3 대원군 서원 훼철령 직후 도남서원에서 주도한 영남유소의 都所가 의성향교였다. 아마도 지리적으로

했는데, 오기誤記한 날짜의 문서를 병산에 발송한 까닭이었다. 그러나 병산은 서원 훼철령 직후 기획되었던 영남 유소에도 연대하지 않은 이력이 있는 바, 이는 표면적 주장에 불과해 보인다.

9월 1일 의성향교에서 7년 만에 수백 명이 운집한 대규모 서원 복설 도회가 열렸다. 참판 권영하權泳夏(1810-1879)와 승지 이만기李晚耆(1825-1888) 두 고관 출신 원로가 수석首席한 가운데 임원을 차정하고, 내달 29일 소수서원에서 도회를 열기로 결의했다. 훼철 서원이 아님에도 소수서원으로 장소가 선정된 것은 한국서원의 효시이자 전범이라는 상징성과 경상도 최북단에 위치해 상경길에 오르기 유리한 지리적 요인도 작용을 있을 터이다.

이 자리에서는 소두疏頭 후보로 권연하權璉夏, 장복추, 정래석鄭來錫이 물망에 올랐는데 최종적으로는 권연하가 수망首望에 낙점되었다. 권연하는 스승 류치명으로부터 평실平實함을 높이 평가받았고, 동학 김흥락이 "의논은 구차함이 없어서 진실로 이미 마음에 공경하며 복종했다"라고 세평한 명망가였다.[5]

지금까지의 진행상황을 요약하면 삼계서원, 권영하·연하 등 닭실 권문權門의 주도하에 당회堂會[귀담서당] ⇨ 향회[태사묘] ⇨ 도회都會[의성향교] ⇨ 도회道會[소수서원] 절차를 밟은 것이다. 원활한 진행을 담보하기 위해 공론을 형성하고자 한 일련의 조처로 볼 수 있다.

그런데 도회 이틀을 앞두고 호계서원에서 상경 중단 또는 연기를 청하는 통문이 당도한다. 표면적 이유는 추위였으나 본질은 호상湖上의 반대가 작동한 까닭이다.[6] 1871년 사액서원 훼철 반대 만인소를 주도하며 영

경상좌도 중심부에 위치했기 때문인 것으로 보인다.

4 삼계서원 : 풍기와 영주 이상 지역, 노림서당 : 상주·선산·丹溪·진주·永川·경주 등.

5 권연하는 1875년(고종 12) 대원군 환봉 만인소도 그가 쓴 것으로 당대 영남에서 문장가로 알려져 있었다. 김흥락 著·김윤규 譯, 『국역 서산선생문집 5』「頤齋權公行狀」, 한국국학진흥원, 2016.

남의 공론을 이끈 호계서원인 만큼 이례적인 모습이다. 안동 내 훼철 서원들도 서로 입장이 상이했음을 알 수가 있다.

그럼에도 10월 29일 계획대로 소수서원에서 도내 300명의 인사가 참석한 도회가 개최된다. 하지만 소두에 추대된 권연하는 칭병을 사유로 4차례나 사양 단자를 제출했고, 이를 빌미로 호계는 재차 중지를 요구했다. 서원이 존치된 병산에서도 수장의首掌議에 의망된 류도성柳道性이 부모 봉양을 이유로 사임해 버린 상태였다. 안동권 향론을 양분한 병·호파 양 세력이 실제적으로 빠진 것이다. 삼계서원이 사태를 주도하였던 것이 못마땅했던 탓이었을까, 아니면 실익이 없다고 판단한 것일까? 명확한 사유는 알 수 없지만 결론적으로 이러한 일련의 사태를 통해 세력이 한 풀 꺾였던 것은 분명하다. 다행히 상주 귀호·지강서원, 풍기·진주 등에서 지지 통문과 부조를 보내온 것이 위로가 되었다.

한편 주최 측에서는 직접 닭실을 방문해 소두의 상태를 점검했지만, 결국 소두는 예천의 박주종朴周鍾[7]으로, 수장의는 권재정權載珽으로 각각 교체했다. 새로 차임 된 박주종이 11월 11일 입원入院하에 자리를 열어 상경일을 15일로 잡았다. 동시에 조사曹司와 공사원을 정했고, 상경 임원까지 파정爬定했다.[8] 파정된 소임은 소두 1명, 장의 5명, 소색疏色 5명, 제소製疏 4명, 택소擇疏 2명, 사소寫疏 8명, 배소陪疏 5명, 도청都廳 5명, 봉소奉疏 2명, 독소讀疏 2명, 직일直日 7명, 시행侍行 1명으로 구성되었다. 이와 별개로 상소 일을 주관하는 공사원 2명, 상소 외적인 일을 지원하는 조

---

6 1878년에 강당을 복원한 호계서원에서 보내 온 통문에 반대 의사를 표하고 있는데, 그 구체적인 배경은 파악하기 어렵다.

7 박주종(1813-1887) : 본관은 함양으로 예천을 대표하는 사족 가문 출신이다. 1851년(철종 2) 정구와 장현광을 문묘 종사소를 올린 바 있고, 1855년(철종 6) 사도세자의 추존 만인소에도 참여하는 등 유소 활동의 유경험자였다. 또한 병호시비에 대해 중립적 입장을 견지해 疏頭로서 적절한 인사였으며, 동생 朴周雲이 중앙관료로 재직하고 있어 여러모로 도움을 받을 수 있는 조건에 있었다.

8 曹司 : 金建永·權大聲·黃震夏·金德輝·孫在龜, 공사원 : 李晩正, 李能璧.

사 4명과 포진鋪陳유사 11명으로 업무를 분장했다. 후자들은 앞서 파정된 사람이 겸했다. 28개 성관인 이들은 영남지역 16개 고을에 거주한 것으로 분석되었다.[9]

〈성관〉

안동권	경주최	함양박	무안박	의성김	인동장	진보이	고성이	밀양손	인천채	경주이	김해김	대구서	반남박
5	4	4	3	3	3	3	1	1	1	1	1	1	1
부여백	순흥안	안동김	양성송	여강이	연안김	우계이	장수황	진주강	진주정	창녕조	청주정	풍산류	하양허
1	1	1	1	1	1	1	1	1	1	1	1	1	1

다음날에는 이번 사업에 가장 중요한 소장疏章 4본이 제출되었는데 아래와 같이 논평하였다.

　◦유곡본 권연하 : 내용이 여유로우면서도 완곡.
　◦금곡본 박주종 : 내용이 간결하면서도 상세.
　◦황난선黃蘭善·최세학崔世鶴 2본 : 모두 내용이 핍진逼眞하고 원만.

4본이 모두 내용이 훌륭했다. 수위장首位丈이 긴 밤 등불을 돋우며 고심 끝에 유곡본으로 정하여, 교감을 가했다. 1871년 만인소 당시에도 권연하의 것이 상소로 채택되었다.[10] 이어 장의 이하 사람들이 모여 소장疏章을 교열을 의논한 뒤 사소寫疏가 소본疏本 1통을 필사했는데 자획이 몹시 바르니 가상하다는 평이 있었다.

9　거주지 현황 : 안동 7, 순흥 5, 예천 5, 경주 4, 영주 4, 밀양 3, 상주 3, 예안 3, 청도 3, 대구 2, 성주 2, 인동 2, 양산 1, 영천 1, 칠곡 1, 하양 1.
10　이수환, 『앞의 책』, 일조각, 2001, 379.

상경일 직전 병·호에서 거듭 불가하다는 패牌를 내어 좌중이 동요하자, 수위는 "내가 이미 외람되게도 중임을 맡아 대사를 담당하고 있으니, 어찌 다소 부정한 말에 좌절을 당하겠는가. 말을 하면 체모만 손상시키니 소절小節에 메이기보다는 대의를 펴는 것이 낫다."라는 발언으로 논란을 불식시켰다. 그리고 도내에 통문을 보내 단결하여 대사가 원만히 이루질 수 있도록 호소했다.[11]

상경 당일에 출발에 앞서 의례 절차를 소수서원 명륜당[강학당]에서 거행했다. 수위首位가 중당中堂에 앉고 장의 이하 사람들이 차례로 서로 읍례를 행한 다음, 자리를 펴고 당 가운데 탁자를 설치한 뒤 남향하고 탁자 위에 소본을 받들어 올렸다. 소본은 진사 권세연이 큰 소리로 한 번 읽고 난 뒤 붉은 보자기로 싸서 함 속에 안장하였다. 그러고는 그 바깥을 봉하고 가죽을 깔고서 다시 탁자 위에 받들어 올렸다. 주위에 둘러서서 배례을 행한 뒤 한 장정에게 지고서 앞으로 나오게 하였다. 소장을 배행할 한 사람을 선출한 뒤에 수위가 다음으로 나가면서 상경이 시작되었다.

그러나 발론 단계부터 반대 측에서 우려한 상황이 발생하였다. 날이 추워 상경하는 것이 쉽지 않았던 것이다. '강을 건넜는데 바람과 추위가 몹시 혹독하여 정말 먼 길을 가기 어려웠다.', '걸어서 눈길을 뚫고 앞으로 나아가는 일이 몹시 걱정된다.', '얼음길을 나서는데, 가마꾼과 말들이 정말 접근하기가 어려워 간신히'[12] 등의 기사에서 저간의 사정을 확인할 수 있다. 여기에 설상가상으로 수위의 병환까지 겹쳤다.

일행은 11월 15일 풍기읍에서 숙식한 것을 기점으로 보름이 지난 11월 29일에서야 도성에 도착한다. 진사 권세연이 먼저 입성해 산청동에 사관舍館을 정했다. 사관은 닭실의 안동 권씨 소유의 것이었다.[13] 여독이

---

11 『앞의 책』, 「紹院發行時通文道內文」.

12 『앞의 책』, 「11월 24일, 11월 27일, 11월 28일」.

풀리기도 전에 다음날 바로 진사 이중두李中斗에게 소초疏草의 부본을 다시 쓰게 했고, 대궐 문 밖에 소청을 설치했다. 수석으로 복설 공론에 힘을 실어준 승지 이만기를 비롯한 여러 재경 영남인들의 내방이 이어졌다.

상경 2일차 권세연은 대궐 밖 도소를 정하고, 소함疏函을 받들고 앞으로 나아갔다. 도소는 바로 운대雲臺의 직방直房[14]과 근거리에 있었다. 다만 이날은 해가 이미 저물어 부복하지 않았다. 다음날 각 처소에 머물던 소유들이 모두 와서 돈화문 밖에 집결했다. 소함疏函을 탁자 위에 올리고 수위 이하 연치로 일제히 부복한 사람이 40명이나 되었다. 얼마 되지 않아 승정원에서 관리를 보내 부본을 올리도록 명했다. 일기 작성자는 "일이 성공할 희망이 있는 듯 하나 아직 끝내 일이 어떻게 될는지는 알지 못하겠다."라며 복잡한 심경을 드러냈다.

그러나 희소식은 들려오지 않았고, 일은 오히려 두 가지 난관에 부딪혔다. 하나는 상경 직전에 올라간 대원군 환궁 요청 상소이고, 다른 하나는 소청 경비의 소진이었다. 전자는 환궁 요청소와 서원의 복설소가 전후 상 의리가 상반되는 모순을 내포하고 있다는 데 문제가 있었다. 당초 병산의 회피한 이유가 여기에 있었다. 바로 대원군 환궁 상소를 주도한 당사자가 병산이었으니 말이다. 대원군과 병파의 류후조와의 밀접한 관계는 널리 알려져 있다.[15] 또한 병산서원은 서원 훼철령 때 대원군의 특별한 배려에 힘입어 존치되었다. 이 사안과 관련해 남인들 상호 간에도 상의가 부족했다는 소문까지 돌 정도였다.

한편 경비 문제를 해결하고자 부득이 상주의 강복姜福을 향도청으로

---

13 그러나 舍館은 문을 닫고 지내기에 어려움이 있기 때문에 제원들에게 각자 사적인 주인을 찾아 휴식하도록 하고 대궐 앞에 부복할 때 일제히 모이기로 약속을 정하다.

14 直房 : 朝房이라고도 하는데, 조정의 벼슬아치들이 조회 시각을 기다릴 때 사용하는 방으로, 이조 직방, 호조 직방 등 각 관아마다 직방이 따로 있었다. 위치는 대궐 정문의 바깥쪽 곁에 있었다.

15 정진영, 「19세기 후반 嶺南儒林의 정치적 동향」 『지역과 역사』 4, 1997, 206쪽.

선임하고, 안동에 사람을 파견하거나 영남 열읍에 통문을 발송하는 임시 조처를 취했다. 12월 25일 삼계서원에서 75냥이 올라와 다소 위안을 삼았다. 연일 혹독한 추위를 무릅쓰고 매일 신시申時까지 부복했음에도 별도의 하교가 없었다. 당시의 소회는 7명이 작시한 「궐문에 부복할 때 부질없이 율시 한 수를 지어 수위 어른께 드림」이라는 작품에 잘 녹아있다. 7개의 율시 중 황난선黃蘭善의 것을 소개하면,

한아름 상소함 안고 누차 대궐 보낼 때,	一抱琅函累送辰
홍진 세상 그리워 서성인 건 아니라네.	遲徊不是戀紅塵
새벽 꿈속 고향산천엔 매화가 피었고,	鄕山曉夢梅花發
봄 햇살 궁궐에는 버들가지 싱그롭네.	禁苑春光柳杪新
대궐에 달려가는 벼슬아치 생각해보고,	正想蟬貂趨殿陛
성문에 우는 고운 말들 부질없이 보네.	空看珠馬咽城闉
그대여 대궐에 호소 괴롭다 하지 말게나,	煩君休說叫閽苦
함께 둘러앉은 유생들 모두가 벗들이니.	匝座衣巾盡故人

그런 와중에 몇몇 인사의 응원 차 방문과 7도 유생들의 복원소復院疏 의론이 들려왔다. 도소의 내방은 기자서원箕子書院 복설을 주청했다가 실패한 평안도 중화현 사림과 조창하趙彰夏가 대표적인 경우이다. 특히 어윤중의 장인으로 강직한 명성으로 신망이 높았던 조창하가 이 사안에 관심을 둔 것은 큰 힘이 되었다. 7도 복원소는 소청을 만든 뒤 정월 상순에 모여 영남까지 포함해 8도 상소를 주청하는 의서議書를 종루와 사대문에 게시하자는 의견을 내비쳤으나 영남 도소에서는 단독 추진의 뜻을 전달했다.

소유 일행 중에 병환 또는 사적인 일로 이탈자가 여러 명 나왔는데, 새해 들어 14개 읍의 선비들이 대거 낙향했다. 한양에 남은 일행은 동고

동락한 이들과의 아쉬운 작별에도 "각자 대의大義를 지니고 와서 함께 이곳에서 한 해를 보내고 새해를 맞았으니 또한 쉬운 일이 아니다. 서로 위로하고 앞으로 마땅히 대대로 우호를 강마하는 일에 힘쓰도록 하자"라며 격려해 마지않았다.[16]

1월 3일에는 종묘와 경모궁에 행차하는 어가를 기다렸다. 그곳에는 상소를 주달하려는 사람들이 몹시 많았다. 상사上舍 이병상李炳商이 소장을 받들어 가운데 서고, 수위 이하 일행들이 차례로 서서 엄숙히 공수하며 대기했다. 그러나 용안을 뵌 것 외에는 성과가 없었다.

소청 내부에서 "해가 지나도록 궐문에 부복했는데, 아직도 처분이 없어 결과가 어떻게 될는지 모르겠습니다. 소청을 걷고 물러나 돌아가는 것만 못합니다."라는 회의론이 대두되었다. 이에 권세연은 "우리 유림의 일이니 말없이 스스로 물러나는 일이 어찌 선비 된 사람의 도리겠는가? 또 모든 사람들이 똑같이 여기는 일이니, 마침내 반드시 처분이 내려질 것은 분명한 일이다."라고 의를 들어 다독이며 진정시켰다.

1월 16일자에는 궐문에 부복하는 유생들에게 급료를 분급했다는 기사가 등장한다. 앞서 소청의 사령 임석홍林石鴻이 도내 여러 고을 수복首僕들에게 사통私通을 보내 소유 파견과 공비를 요청하는데 알 수 있듯 낙향자가 많아지면서 부복할 인원이 부족했다.[17] 급료를 준 이래로 부복 유생들 중 한 사람도 빠지는 사람이 없었다고 하니,[18] 당시 세태를 잘 보여주는 대목이다.

지지부진함을 면하지 못하던 차에 문경출신 심상의沈相義가 최신 정보를 전했다. 그는 이조판서에 오르는 심상훈과 사촌 간으로 북촌 자제들

---

16 『앞의 책』, 「정월 2일」.

17 『앞의 책』, 「정월 15일」, 「疏廳使令林石鴻抵列邑首僕私通」.

18 『앞의 책』, 「정월 18일」.

과 시회에 동석했다고 한다. 그 자리에서 영의정 이최응의 아들 이재긍에게 이 사실을 고했고, 조만간 마땅히 처분이 있을 것이라는 답을 들었다는 것이다. 상소의 가능성을 포착한 소청에서는 소두의 둘째 동생으로 수찬에 재직하던 박주운朴周雲과 이 일을 상의했던 같다. 그 결과는 박주운의 상소 봉입이 즉시 이루어졌다. 아래는 당시 실록에 실린 상소의 대략이다.

지난번에 경상도 유생들이 서원을 복구하기를 청한 일은 온 도의 공통된 의견이고 수많은 사람들이 연명으로 한 일이었습니다. 작년 12월 3일부터 상소문을 안고 와서 대궐 문에 엎드려 명을 기다렸는데 그것은 선대 임금이 사액한 서원과 대대로 이름난 현인들의 사당을 복구하려는 것이었습니다.

제사에 쓸 곡식과 서원의 토지는 각기 사적으로 갖춤으로써 위로는 공적인 일에 관여하지 않고 건물을 짓는 일은 우선 간소한 집을 지음으로써 아래로는 백성들을 번거롭게 하지 않으니 제사를 지내던 유풍과 유학의 가르침을 다시 보게 될 것입니다.

엎드려 바라건대 자애로우신 성상계서는 유생들의 상소를 봉해서 들여오도록 명하고 하루빨리 처분을 내리어 여러 유생이 오랫동안 대궐 문에 머무르는 일이 없게 하며 나라 안에 있는 현인들의 사당을 복구하도록 허락하소서.[19]

희소식을 접한 소유들은 기뻐하며 박주운을 유림을 크게 빛내 당세에 명성이 있을 인물이라 하여 칭찬을 아끼지 않았다. 여유가 생겼기 때문일까? 상소가 봉입된 날 저녁 담배 2근을 가지고 8도 유생의 소청을 문후했다. 이들은 술대접으로 예우하면서 "영남의 소장이 먼저 발의되어 의로운 명성에 모두 향응했는데, 저희들의 거사는 바로 영남의 소장을

19 『고종실록』 15권, 고종 15년 1월 24일.

이어서 일어나 당신들을 뒤따라 호종한 것이다."라는 지지도 빠뜨리지 않고 전달했다.

박주운의 상소 효과는 1월 25일 아침 일찍 소장을 받들고 들라는 명령이 하달되면서 빛을 발하게 된다. 복합 25일, 상경 50여일 만에 봉입이 성사된 것이다. 소두는 소장을 받들고 승정원에 들어가 상소를 낭독했다. 낭독이 끝나자 임금은 "소장을 보고 잘 알았다. 이것이 어찌 서둘러 논의할 일이겠느냐? 너희들은 물러나 학업을 닦도록 하라."라는 상투적 전교를 내렸다. 1871년 서원 복설 만인소 때에는 봉입조차 못한 것에 비해 봉입은 했으니 다행이라고 여겨야 할까. 다소 허무한 결론을 맺는다.

III. 사료적 가치

일반적으로 대원군 집정시기의 대대적인 서원 훼철 이후 서원이 가진 역사적 의미가 퇴락하였다고 생각되었기 때문에, 선행연구 또한 1868년 (고종 5) 대원군 훼철령 이전까지를 주로 다루었다. 즉 대원군의 서원 훼철에 관한 연구는 대부분 해명이 된 상태이지만,[20] 그 이후의 복설 동향에 관한 연구는 만동묘와 서원 훼철 및 복원에 대한 담론을 제시한 것이 유일하다.[21] 이처럼 훼철 이후 복설된 서원은 역사적 가치를 지니는 연구대상으로 인정받지 못했고, 따라서 근대에 생성된 자료에 대한 관심도 또한 낮은 편이었다. 그러나 서원은 대원군 하야 직후부터 신·복설되기

---

20 이수환, 「大院君의 院祠毁撤과 嶺南儒疏」『조선후기 서원연구』, 일조각, 2001 ; 윤희면, 「고종대의 서원 철폐와 양반유림의 대응」『조선시대 서원과 양반』, 집문당, 2004 ; 우용제, 「大院君 執政期의 書院撤廢와 成均館 整備計劃」『교육사학연구』 2·3, 1990 ; 안다미, 「'私設' 논의를 통해 본 서원철폐령의 의미」『조선시대사학보』 97, 2021.

21 김대식, 「고종대 만동묘(萬東廟)와 서원(書院) 훼철 논의의 전개」『교육사상연구』 제30권 제1호, 2016.

시작해 현재까지도 진행형이다.[22]

따라서 상술한『소청록』은 대원군이 실각한 뒤 서원 복설의 동향은 물론 당대 영남 사회를 이해하는데 유의미한 자료라 할 수 있다. 현재까지 학계에서 대원군 하야 이후 서원 복설 관계 자료 중에서 이 자료보다 구체적인 실상을 보여주는 기록은 보고된 바 없어 사료적 가치가 높다고 할 수 있다.

조정에서는 서원 복설 불가를 엄명했으나 향촌에서는 여전히 서원을 필요로 했기에 다양한 방법을 동원해 그 목적을 달성하고자 노력했다. 서원이 대대적으로 훼철되면서 역사적 의미를 상당 부분 잃어버렸지만, 그것이 지니는 사회적 의미는 그 후로도 오랫동안 유효했다. 본『소청록』이 이를 증거하고 있는 기록물인 셈이다.

【부록】일자별 활동 내역

날짜	활동 내용
1877. 6	·안동 乃城에서 魯林書堂에 연명해 簡通 : 복설 發論.
7. 초4	·노림서원에서 面中에 回諭해 龜潭으로 堂會 선정.
7.15	·귀담에 40여인 모임. ·26일 崇報堂[태사묘]에서 향회 개최 결정, 호계·삼계·周溪·병산서원에 통문
7.26	·향회 개최 : 병산과 하회 참석자 전무.
7.27	·향회 참석자 50~60인. ·비용 문제로 추수 후 진행하기로 논의. ·8월 29일 의성향교에서 都會 개최 확정 ·통문 담당 : 삼계서원 - 풍기·영주 / 노림서당 - 상주·선산·단성·진주·永川·경주
7.28	·인동향교 지지 답통.

---

22 현재 전국에는 1,000여개소의 서원이 있다.

23 옥책요여玉冊腰輿와 옥보채여玉寶彩輿 : 옥책은 왕이나 왕비에게 존호를 올릴 때 그 덕을 기리는 글을 새긴 옥 조각을 엮어 매어 책처럼 만든 것이고 옥보는 죽은 임금이나 왕후의 존호尊號를 새긴

날짜	활동 내용
8.20	·귀담에서 하회와 병산에 보낸 통문에 향회 개최 날짜 오기 26일 → 29일. ·하회와 병산은 모임에 응할 생각 없음.
8.29	·궂은 날씨에도 각 읍의 都所를 의성 교촌으로 정함.
9.초1	·의성향교 광풍루에서 개최. ·수백여명 운집 임원 선출. ·10월 29일 소수서원에서 발행하는 道會를 열기로 결정.
9.2	·爬錄 수정하고 각 읍에 통문 발송.
10.24	·권세연이 기일에 앞서 소수서원에 入院. ·문중과 본 고을 선비들과 함께 道會 전에 疏狀 교정. ·소장에 들어갈 名帖을 반 이상 傳寫.
10.28	·호계서원 통문에서 도회를 멈추고 미룰 것을 요청.
10.29	·소수서원 회원으로 고을과 도내 합한 수가 300명. ·유곡 수석의 사임 單子 도착.
10.그믐	·단자를 유곡에 돌려 줌.
11.초1	·수석 환후로 억지로 맡길 형편이 아니라 걱정.
11.초2	·개령 유생 도회 개최 일로 패악한 행동.
11.초3	·권문장이 서원에 옴.
11.초4	·호계서원에서 수석의 혐의와 병이 회복한 뒤에 다시 도회를 열자고 제안. ·여러 의론이 합치되지 않아 다시 金奎永을 천거하기로 기약. ·오후에 다시 金谷 朴周錘 文丈을 首望에 천거. ·열읍에 통문으로 諭示. ·河上 首掌議 柳道性의 단자가 들어옴.
11.초7	·상경하는 원근의 유생들과 행차를 전별하는 인원들이 도착. ·진주 답통 : 멀리서 모임에 참석하는 일은 일의 형편상 할 수가 없으니, 그 고을에서 한성으로 유생을 정하여 보내고 또 임원 수십 명을 爬定해 보냄.
11.초8	·首掌議로 유곡 權載珽 선출.
11.초10	·금곡 수석 入院.
11.11	·상경일자 15일로 결정, 상경 임원 把定.
11.12	·疏章 4본 : 유곡 수석, 金谷 수석, 黃蘭善, 崔世鶴. 　-유곡본 : 내용이 여유로우면서도 완곡 　-금곡본 : 내용이 간결하면서도 자세 　-두　본 : 모두 내용이 핍진하고 원만 ·首位丈이 유곡 疏岬本으로 삼고 윤색.

날짜	활동 내용
11.13	·屛山會中 牌旨에서 그 내용은 자못 무례하고 태만함. ·장의 이하 사람들이 일제히 모여서 소장을 다듬는 일을 의논.
11.14	·臨川會中 패지에서 그 내용은 이른바 "屛牌"라고 한 것과 대략 서로 비슷한 내용. ·대개 두 패는 모두 곁에서 일을 방해하는 자의 소행으로써 병산과 임천 두 서원을 칭탁한 것.
11.15	·首位가 두 패지 내용에 동요하지 않고, 좌중을 안심시킴. ·소수서원 명륜당에서 소행 준비 의례 거행. ·20리 걸음.
11.16	·水鐵橋 숙식 - 15리 걸음.
11.17	·色伊谷 점심, 長林驛 숙식 - 30리 걸음.
11.18	·由橋 점심을, 帳後 숙식 - 30리 걸음.
11.19	·鷄卵峴을 넘는데, 세찬 바람이 뼛속을 파고들어 행차에 몹시 방해가 되어 다섯 걸음에 한번 쉼. ·德室店 점심, 저녁에 西倉에 투숙 - 30리 걸음.
11.20	·예천 하인이 公費를 지고 옴. ·강 돌길을 따라가니 길을 가기가 어려움. ·충주읍 숙식 - 40리 걸음.
11.21	·北倉 강물이 한쪽은 얼었고 한쪽은 배가 다니는데, 사공들이 막 건너편 마을에 가서 도착하지 않음. ·河蘺店에서 점심 먹고 또 강을 건넜는데 바람과 추위가 몹시 혹독하여 정말 먼 길을 가기 어려움. ·鳳凰來 숙식 - 40리 걸음.
11.22	·龍堂 숙식 - 20리 걸음. ·首位가 준 亂草 疏本 正書.
11.23	·長厚園 숙식 - 30리 걸음.
11.24	·10리 되는 梨木亭에 도착했을 때 수석이 뜻밖에 몹시 아파 店舍에 몸져누움. ·나머지 사람들은 점사의 방이 좁아서 먼저 20리 되는 刎溪에 숙식.
11.25	·鉢幕 점심, 이천읍 숙식 - 40리 걸음.
11.26	·困酒臥 점심, 鳥峴 숙식 - 60리 걸음.
11.27	·눈이 쌓여 길을 가는데 어려움이 있기 때문에 숙식. ·걸어서 눈길을 뚫고 앞으로 나아가는 일이 큰 걱정.
11.28	·가평에서 점심 및 松坡에서 숙식 - 40리 걸음.

날짜	활동 내용
11.29	·도성에 들어갈 때 진사 권세연에게 먼저 들어가게 함. 　-이것은 泮村에 舍館을 정해야 했기 때문. ·진사 張錫熙가 東門 밖에서 대기. ·곧장 반촌 山淸洞으로 달려가니, 바로 유곡 舍館. ·오늘 20리 걸음. ·예천 유생 朴義集, 상주 유생 蔡圭植이 뒤 따라옴.
12.1	·진사 李中斗에게 疏草의 副本 재 작성. ·진사 張祐遠이 東齋 하인을 불러 나가서 대궐 문 밖에 소청 설치. ·山淸洞에서 숙식.
12.2	·권세연에게 궐 밖에 나가서 都所를 정하고 오전에 疏函을 받들고 앞으로 나가게 함. ·舍館은 지내기에 어려움이 있어 제원들에게 각자 여관에서 휴식하도록 하고 대궐 앞에 부복할 때 일제히 모이기로 약속. ·都所는 雲臺의 직방과 매우 가까운 곳에 위치.
12.3	·각처의 諸員이 모두 와서 돈화문 밖에 모임. ·疏函을 탁자 위에 받들어 올리고 40여명 부복. ·얼마 되지 않아 政院에서 관리를 보내 副本을 올리도록 명함.
12.4	·40여명 부복.
12.5	·진사 朴璋文 방문해 남인 내 疏章 논의 부족 및 대원군 환궁 요청소와 의리가 상반됨을 거론.
12.6	·鳳坮 姜福을 鄕都廳으로 삼아 망기 발송. ·도청 물자가 부족해 권세연이 이를 해결하려고 노력. ·추운 날씨에 별 다른 기별이 없음.
12.7	·부복할 때 上座에 부복, 말석에 엉성한 행동을 하는 사람들이 다수.
12.8	·권세연이 金度永의 舍館에 가서 公費에 관한 일로 상의. ·都事 崔晩憙가 脯 3條와 돈 1냥 부조.
12.9	·아침 식사 후 궐문에 부복하고 申時에 물러남.
12.17	·中和 箕子書院 복설 차 여러 달 숭례문 밖에서 부복하던 崔鎭恒이 위로 차 방문.
12.18	·南村 趙彰夏가 疏草를 보고 칭찬과 감탄을 하고 떠남. ·주위에서 "이 사람은 지금 호남어사로 어윤중의 장인이자 강직한 명성으로 지금 조정에서 우러러 보는 사람이다"라고 강조.
12.19	·尙衣院 直房에서 洞口 안 여관으로 거처를 옮김.
12.21	·임금 행차를 관람.

날짜	활동 내용
12.22	·長洞 趙彰夏가 편지로 문안. ·신하들이 대왕대비 존호를 올리는 玉冊腰輿와 玉寶彩輿[23]을 봉행하자, 모두 金冠과 朝服을 갖추고서 입시해 하례를 올림.
12.23	·金度永과 朴顯承이 병으로 부복에 불참.
12.24	·순흥 유생 朴顯承과 안동 유생 金度永이 병으로 낙향. ·首位를 侍行하는 朴斗鎭도 여러 날 앓다가 말을 타고 함께 낙향. ·순흥 유생 徐相鍵과 金獻奎 또한 사적인 일로 낙향. ·7도의 유생들도 復院의 일로 연이어 소장을 올리는 의론을 일으킴. ·疏儒와 소청의 公費를 계속 보내라는 뜻으로 열읍과 본도에 통문을 보냄.
12.25	·석실서원의 복설을 상소하던 양주 유학 吳一泳이 소청 문안. ·저녁에 삼계서원 하인이 75냥을 가져 옴. ·淸通 유생 金佑奭과 李景善이 돌아간다고 고함. ·반촌에 체류하던 경주 유생 李能璧이 痼氣로 병환.
12.27	·팔도 소청의 통문이 도착. 바로 답서를 보냄.
12.28	·8도 소장 올리는 소청이 설치되자, 우리의 뜻을 전함. ·통문 내용 중 한두 곳 상의할 곳을 말하니, 소청 임원들이 즉시 수정.
1.1	·새해 元辰으로 부복을 멈춤. ·소청 諸員들이 새해 인사, 같은 도 14개 군의 선비들이 낙향.
1.3	·諸員들이 돈화문 밖 月臺 아래 임금의 대가가 행차하는 서쪽 길에서 대기. ·登徹[24]을 바라는 자들이 상당수 있었고, 용안을 보고 감격.
1.4	·永川 유생 曹有煥, 경주 유생 李能璧과 崔世邁가 돌아간다고 고함.
1.5	·성주 유생 金書林이 병이 들어 반촌에 체류한지 예닐곱 날이 되었는데 중병.
1.6	·수위가 판서 許傳을 방문해 소장을 올리는 일에 대해 논의. ·허 판서가 오랫동안 임금께 올리지 못한 일로 몹시도 걱정함.
1.7	·公費가 부족해 읍 邸吏들에게 그 읍의 대소에 따라 公費錢을 내도록 분부.
1.9	·제반 일을 맡았던 榮川 유생 張鎭錫이 사적인 일로 돌아간다고 아룀. ·순흥 유생 李鍾禹가 한 해가 지나자 부모님을 뵙고 싶어 소청에 편지를 올리고 낙향.
1.13	·장의 경주 崔泰壽가 부덕이 긴요한 일이 있어 돌아간다고 고함.
1.15	·"해가 지나도록 궐문에 부복하였는데, 아직도 처분이 없어 결과가 어떻게 될는지 모르겠습니다. 소청을 걷고 물러나 돌아가는 것만 못합니다."라는 여론 형성. ·권세연 義를 들어 이를 진정시킴.

날짜	활동 내용
1.16	·궐문에 부복하는 유생들에게 급료 분급.
1.18	·급료 분급 이후 부복 시 전원 참석.
1.20	·界首主人[25]에 딸린 邸吏를 불러서 公費에 관한 일을 분부.
정월.21	·문경 유학 沈相義가 방문해 영상의 자제 待教 李載兢에게 이 일을 알렸다고 말함.
정월.22	·예천 수찬 朴周雲이 도착해 백씨께 문후 편지를 씀. ·진사 權綱夏와 진사 李善河가 계속 부복할 계획을 재차 올림.
정월.23	·수찬 박주운이 소장을 써서 초안 제출. 답답한 심정을 극렬히 언급.
정월.24	·아침 일찍 박수찬이 政院 사령에게 封疏章을 정원에 봉입. ·봉소를 상께 올렸는데 "유생들의 소장에 관한 일은 마땅히 처분이 있을 것이다."라고 전교.
정월.25	·疏首가 소장을 받들고 政院에 들어 감. ·"소장을 보고 잘 알았다. 이것이 어찌 서둘러 논의할 일이겠느냐? 너희들은 물러나 학업을 닦도록 하라."고 전교.
정월.28	·소청을 철수하고 향리로 돌아옴.

도장을 말한다. 이를 실은 가마가 요여腰輿와 채여彩輿이다.

24 등철登徹 : 상주문을 임금에게 올린다는 뜻으로 소장疏章을 임금이 받아보는 것을 말한다.

25 계수주인界首主人 : 서울에 있으면서 각 도 감영에 관한 일을 맡아보는 사람을 가리킨다. 계수번界首番이라고도 한다.

역 주
및
원 문

정축년1877

○6월 그믐

안동(安東) 내성(乃城)에서 노림서당(魯林書堂)에 연명(聯名)하여 간통(簡通)하였는데, 내용은 대략 다음과 같다.

"지난 신미년(1871) 여름 소장(疏狀)을 올리고 소득 없이 돌아온 뒤 우리 유림(儒林)에서 애통하고 한스럽게 여긴 지가 이제 10여년이나 되었습니다. 토규(兎葵)와 연맥(燕麥)[1] 같은 잡초들이 감회를 일으키고, 영남의 장덕(長德)들께서 차례로 돌아가시어 지금 후생 된 사람은 푸른 기둥과 깎아놓은 서까래가 어떤 위엄을 갖추고 있는지, 읍양(揖讓)과 진퇴의 예절이 어떤 일인지도 까마득히 알지 못합니다. 그래서 달려갈 곳이 날마다 무너지고 우리의 도가 날마다 고립되면 우리들 가운데 앞장서는 이도 없고 뒤따르는 이도 없어 이런 예전에 없던 변고를 만날 것입니다. 어찌 처음부터 끝까지 가만히 죽기만 기다리고 말겠습니까? 일의 성공 여부는 단지 저 푸른 하늘에 뜻을 맡겨둘 뿐이지만 한 번 대궐에 호소하는 일은 바로 지금 그만둘 수 없는 것입니다. 그러나 중대한 일은 한쪽에서 마음대로 결정하여 처리할 수 없습니다. 부디 귀중(貴中)에서 통문을 발송해 모임을 정하시어 충

---

1 토규(兎葵)와 연맥(燕麥) : 야초(野草)와 야맥(野麥)으로, 가슴 아픈 황량한 정경을 말할 때 쓰는 표현이다. 당(唐) 나라 유우석(劉禹錫)의 '재유현도관절구(再遊玄都觀絕句)' 해설에 "지금 14년 만에 다시 현도(玄都)를 거닐어 보니, 옛날 도사가 심었다는 선도(仙桃) 나무는 한 그루도 남아 있지 않고, 오직 토규와 연맥만이 봄바람에 흔들리고 있을 따름이었다."라는 구절에서 비롯된 것이다.

분히 논의하여 일을 함께 하는 자리를 마련해주소서. 몹시도 바랍니다."

丁丑六月 晦 自安東乃城 聯簡于魯林書堂 辭意大槩 以爲往自辛未夏上疏空還
之後 吾林之隱痛茹恨 于今十許星霜矣 兎葵燕麥所在興感 鄉吶長德 次第凋零
爲今日後生者 矇然不知爲倉楹斷桶之何樣 威儀揖讓進退之爲何等物事 而趍
向日壞 斯道日孤 則吾儕之不先不後 而遭此無前之變者 寧終始泯默以竢溘然
而已乎 事之成否 只付蒼蒼 一番叫閽 乃今日之不容可已者也 然重大之事 不
可擅便於一方 幸自貴中發通定會 爲爛議同事之地 幸甚

○7월 초4일

노림서원(魯林書院)[2]에서 면내(面內)에 회유(回諭)하여 당회(堂會)를 귀담
(龜潭)[3]으로 정하니, 대개 천성(川城)[4]에서 보낸 편지의 내용에 따라 향회
(鄉會)에 통문을 발송했기 때문이다.

七月初四日 自魯林回諭面中 定堂會于龜潭 蓋因川城書意 爲發文鄉會之故也

○7월 15일

면내(面內) 장로들이 귀담에 일제히 모였으니, 모두 40여명이다. 여러 사
람의 의론이 준엄하였는데, "이 일이 지금까지 차질을 빚어 개탄스러운
마음을 가누지 못하는데, 지금 천성(川城)에서 연명하여 보내온 서찰이
이처럼 그 뜻이 정중하니 누가 감히 그 사이에 다른 뜻을 품겠습니까?"

---

2 노림서원(魯林書院) : 안동시 일직면에 있던 이황(李滉)의 문인 남치리(南致利)를 제향한 서원이었
  다. 흥선대원군 서원훼철령으로 철폐되었다.
3 귀담(龜潭) : 안동시 일직면 명진리에 있던 귀담서당(龜潭書堂)으로 보인다. 이 서당은 유경심(柳景
  深)·장문보(張文輔)·김수일(金守一)·이중립(李中立) 등이 함께 강학하기 위해 세웠다. 1934년에 중
  수하고 상현정(象賢亭)으로 개칭했다.
4 천성(川城) : 조선시대 경상도 안동부의 월경지이다. 지금의 경상북도 봉화군 봉화읍 일원이다.

라고 하였다. 이에 26일 숭보당(崇報堂)⁵에서 향회(鄕會)를 열기로 정하고 네 곳에 통문을 발송하였다. 대개 호계서원(虎溪書院)⁶·삼계서원(三溪書院)⁷·주계서원(周溪書院)⁸·병산서원(屛山書院)⁹ 등지인데, 부근의 면(面)은 그 곳에서 통문으로 알리는 뜻을 통문 말미에 상세히 알렸다.

十五日 面中長老 齊會于龜潭 凡四十餘員 僉議竣截 以爲此事之至今蹉跌 不勝慨然 而今川城聯札 如是其鄭重 則孰敢有異同於其間哉 於是以二十六日 定鄕會于崇報堂 發通四處 蓋虎溪三溪周溪屛山等地 而附近面 則自其處文諭之意 詳悉于通末

○7월 26일

고을 장로들과 각 면 유생들이 향회소(鄕會所)에 일제히 달려왔다. 모인 자리는 몹시 원만했으나 병산(屛山)과 하회(河回)¹⁰ 한 면에서는 와서 참석한 이가 한 사람도 없으니, 크게 동참해야하는 논의에는 반드시 다른 의견이 없어야 하는데, 또한 의아한 점이 없지 않았다.

二十六日 鄕中長老及面儒生 齊赴于鄕會所 會席甚圓滿 而但屛河一面 無一人來參者 大同之議 必無異同 而亦不無訝惑矣

안동 태사묘 숭보당(출처-국가유산청)

○7월 27일

숭보당에 자리를 열었는데, 자리에 참석한 사람이 많아 5·60명이나 되었다. 자리에서의 논의가 처음에는 다른 의론의 단초가 없지는 않았지만 혹자가 "지금 공사간의 재물이 모두 바닥나 비용을 꾸려서 보낼 길이 없으니 잠시 추수가 끝나기를 기다렸다가 대사(大事)를 돈독히 힘쓰지 않을 수 없다."고 하니, 여러 사람들의 논의가 모두 그렇다고 여기고 8월 29일 의성향교에서 도회(都會)를 열기로 정한 다음 통문을 짓고 필사할 사람 각 두세 명을 선출하였다. 통문이 갖추어지자 풍기와 영주 이상 지역은 삼계서원에서 담당하게 하고, 상주, 선산, 단성(丹城), 진주, 영천(永川), 경주와 같은 고을들은 노림서당에서 담당하게 하였다.

二十七日 開座于崇報堂 參座者 多至五六十員 座上論議 初不無岐貳之端 而
或以爲方今公私俱罄資送無路 不可不少竢 秋成以敦大事云云 僉議皆然 以八

月二十九日　定道會于義城鄉校　出製寫通各數三員通旣具豊瀅以上　則自三溪
當之　尙善丹晉永慶諸邑　則自魯林當之

○7월 28일

아침에 모임을 마쳤다. 인교(仁校)[11]의 통문이 도착했는데, 내용이 천성
(川城)에 보낸 편지와 다름이 없으니, 원근 지역의 떳떳한 본성은 똑같다
는 것을 알 수가 있다.

二十八日　朝罷會　仁校通文來到　辭意其川城書無異　可見遠邇秉彝之所同矣

○8월 20일

요사이 전해 들으니, 귀담(龜潭)에서 보낸 고을 통문이 병산(屏山)에 도착
했을 때 모임 날짜가 26일이 29일로 되어있었다고 한다. 이것은 반드시
통문을 등사한 사람의 우연한 실수인데, 이 때문에 병산과 하회의 한 면
(面)은 점점 괴격(乖激)한 행동을 하는 지경에 이르더니 모임에 응할 생각
이 없어졌다고 한다.

八月念　間轉聞　當初龜潭鄉通之拒屏山也　以二十六日爲二十九日　此必寫通者
之偶失　而由是而屏河一面　漸至乖激　無意響合云

○8월 29일

날씨가 흐리고 흙비가 내리며 바람이 심하게 불어 모임에 달려오는 원근
지역 사람들의 행차가 몹시 어려운 처지였으니, 민망한 마음 가누지 못

---

11 인교(仁校) : 인동향교로 추정된다.

하겠다. 이날 의성의 교촌(校村)에서 각 읍의 도소(都所)를 정하였다.

二十九日 日氣陰霾 風勢大作 遠邇赴會者 行李甚艱 不勝悶然 是日 定各邑都
所于義城校村

○**9월 초1일**

광풍루(光風樓)[12]에서 자리를 열었다. 묘곡(卯谷) 권 참판(權參判)[13]과 호상
(湖上) 이 승지(李承旨)[14] 두 영감이 수석으로 참석하고, 고을과 도내 유생
들이 많이 와서 수백 명이나 되다. 임원으로는, 조사(曹司)는 김경휘(金綗
輝)·이장호(李章濩)·신의호(申義浩)·홍병우(洪秉佑)·장석후(張席煦)·김수황
(金壽璜)·김상종(金象鍾) 등 8·9명이고, 공사원은 김진성(金鎭誠)·이경재
(李敬在)·조언영(趙彦英)·장우원(張祐遠)·정경우(鄭慶愚)·류도충(柳道忠)·

의성향교 광풍루(출처-국가유산청)

이재기(李在基)이다. 소수(疏首) 비삼망(備三望)[15]은 유학 권연하[16]·장복추[17]·정내석(鄭來錫)[18]이다. 유곡의 권 문장(權文丈)[19]을 수망(首望)으로 추천하고, 천망(薦望)을 봉행할 유생으로 황재영(黃在韺)을 정하였다. 소하(疏下)[20] 파록[21]은 많아서 수백 임원이나 되었다. 이어서 도내에 통문으로 유시(諭示)하고, 10월 29일 순흥 소수서원에서 소행(疏行)을 나서는 도회를 열기로 정하였다. 어떤 이가 "이런 추운 날씨에 천리 길을 가야하니, 일의 형편상 할 수 없는 일이다. 날짜를 미루어 다음해 봄을 기다리는 것만 못하다."고 하며 자신의 논의에 몹시 고집을 피워 사람들의 의론이 결국 합치되지 않았다.

九月初一日 開坐于光風樓 卯谷權參判 湖上李承旨 兩令參首席 鄕道儒生 多至數百員 任員則曹司 金絅輝 李章濩 申義浩 洪秉祐 張錫煦 金壽璜 金象鍾 等 八九員 公私員 金鎭誠 李敬在 趙彦英 張祐遠 鄭慶愚 柳道忠 李在基 疏首

---

12 광풍루(光風樓) : 의성향교의 누문이다.

13 권 참판(權參判) : 고종 대 병조참판을 역임한 권영하(權泳夏, 1810-1879)이다. 그는 안동 닭실마을 출신으로 류치명(柳致明)의 문인이다.

14 이 승지(李承旨) : 이황의 11대손인 승지 이만기(李晩耆, 1825-1888)를 말한다.

15 비삼망(備三望) : 관직이나 직책에 있어서 후보자로 세 사람을 추천하는 것을 말한다.

16 권연하(權璉夏1813~1896) : 본관은 안동(安東), 자는 가기(可器), 호는 이재(頤齋)로서 류치명(柳致明)의 문인이다. 1879년(고종 16) 학문으로 천거되어 선공감역(繕工監役)에 제수되었다. 1882년 수직(壽職)으로 돈녕부도정(敦寧府都正)에 올랐다.

17 장복추(張福樞, 1815~1900) : 본관은 인동(仁洞), 자는 경하(景遐), 호는 사미헌(四未軒)으로 장현광(張顯光)의 후손이다. 1881년(고종 18) 경학(經學)으로 천거되어, 감역(監役)·별제(別提)·도사(都事)·부호군(副護軍)에 제수되었으나 나아가지 않았다. 개항기 초야에서 유학 공부에 매진하였으며, 허유(許愈)·곽종석(郭鍾錫)·김진호(金鎭祜)·이승희(李承熙)·이정모(李正模)·장석영(張錫英) 등의 문인을 배출하였다.

18 정내석(鄭來錫, 1808~1893) : 본관은 청주(淸州), 자는 치인(致仁), 호는 고헌(顧軒), 정구(鄭逑)의 후손이다. 성주 출신으로 1881년(고종 18) 유일(遺逸)로 천거되어 선공감가감역관(繕工監假監役官)에 제수되었다. 이후 부호군(副護軍)·동지동령부사(同知敦寧府事) 등을 지냈다.

19 권 문장(權文丈) : 안동 닭실마을 출신의 권연하를 가리킨다.

20 소하(疏下) : 소두(疏頭)의 의견에 동조하여 상소문에 연명한 사람을 이른다.

21 파록(爬錄) : 소임이나 직책을 나누어 맡는 사람들의 이름을 나열하여 적은 기록을 말한다.

備三望 幼學權璉夏 張福樞 鄭來錫 酉谷權文丈 以首望薦出 定奉薦儒生黃在
韺 疏下爬錄 多至數百員 因通諭道內 以十月二十九日 定發行道會于順興紹修
書院 或以爲當此寒程 千里裹足 事勢末由 不如退待明春 持論甚固 而僉議竟
不合矣

○9월 초2일

파록을 수정하고 각 읍에 통문을 발송하였다. 제통(製通)은 이종태(李鍾
泰)·황재영(黃在英)이고, 사통(寫通) 또한 약간 명이다.

初二日 修定爬錄 發各邑通文 製通 李鍾泰 黃在英 寫通亦若干員

○10월 24일

유곡의 상사(上舍) 권세연(權世淵)[22]이 시기에 앞서 소수서원에 들어왔다.
문중 및 본 고을 선비들과 함께 기한을 분명히 정하고 소장(疏狀)을 다듬었
다. 도회 이전이지만 소장에 들어갈 명첩(名帖)을 벌써 반 이상을 베꼈다.

十月二十四日 酉谷權上舍世淵 前期入紹院 與門內及本鄕諸彦 刻期治疏 道會
前 疏中名帖 寫已過半矣

○10월 28일

안동 호계서원의 통문이 삼계서원으로부터 도착하였다. 그 내용은 대체
로 상소 행차를 멈추고 미루는 것을 주장하는 내용으로 보내온 말들 가
운데 사람들의 뜻에 불만인 곳이 많아 지난 번 논의와 서로 다르니 한탄

22 권세연(權世淵, 1836-1899) : 본관은 안동. 호는 성대(聖臺)로 1895년(고종 32) 을미왜변과 단발령으
로 창의한 안동지방 의병장이다. 당시 의병을 규합하기 위해 작성한 그의 격문은 명문장으로 유명하다.

스럽고 한탄스럽다.

二十八日 安東虎溪通文 自三溪來到 其意則蓋以停退爲主 遣辭多不滿人意處
與向日論議相殊 可歎可歎

○10월 29일

소수서원 회원으로 고을과 도내 합한 수가 300명인데, 이 연말에 날씨가
자못 따뜻하여 먼 곳에서 모임에 달려온 사람들이 무사히 올 수 있었으
니 다행이다. 유곡 수석의 세 단자(單子)가 도착하니, 공경히 바라보던 많
은 선비들의 마음이 무너지고 흩어질 우려가 없지 않다.

二十九日 紹院會員 鄕道合數三百 當此窮律 日氣頗溫 遠方赴會者 得以無事
可幸 酉谷首席 三單來到 多士顒望之情 不無渙散之慮矣

○10월 그믐

단자를 돌려주는 유생을 정하여 보내는데, 진사 박주대(朴周大)[23]와 성주
영(成周永)[24] 두 명이 바로 그날 단자를 받들고 유곡에 들어갔다. 도내 유
생 중에 달려온 사람이 또 약간 명이다.

晦日 定送還單儒生 進士 朴周大 成周永二員 卽日奉單入酉谷 道儒來赴者 又
若干人

---

23 박주대(朴周大, 1836-1912) : 본관은 함양, 호는 나암(羅巖)으로 예천 금곡 출신이다. 향시와 진사
   시에 장원한 수재였다. 그러나 과거를 포기하고 1896년(고종 33) 예천의진 창의장에 추대되는 등
   독립운동에 매진했다. 저서로 『나암수록(羅巖隨錄)』이 전한다.
24 성주영(成周永, 1831-1901) : 본관은 창녕, 초명은 동교(東敎)로 호는 죽고(竹皐)이다. 1876년(고
   종 13) 생원시에 입격했다.

○11월 초1일

단자를 돌려주러 갔던 유생이 유곡에서 돌아왔다. 수석은 환후로 아예 억지로 맡길 수 없는 형편이니 걱정이 된다. 단성(丹城)의 임원 한 명이 곧장 한성에 도착하기 때문에 소청(疏廳)에 단자를 올렸다.

初一日 還單儒生 自酉谷還 首席患虞 萬無可強之勢 可悶 丹城一員 以直抵漢城之由 呈單于疏廳

○11월 초2일

종일 가랑비가 오다. 개령(開寧)[25] 유생이 자리를 연 일로 패악한 행동을 하는 지경에 이르렀다. 사정이 조급하고 답답하여 혹여 괴이하게 여길 것은 없지만 남에게 욕을 당하니 또한 가소로운 일이다.

初二日 微雨終日 開寧儒生 以開座事 至有悖擧 私情燥鬱 容或無怪 而其見罵於人 亦可笑也

○11월 초3일

비가 그치다. 유곡의 상사 권 문장(權文丈)이 저물녘 서원에 들어왔다.

初三日 雨歇 酉谷權上舍文丈 乘暮入院

○11월 초4일

명륜당 앞에서 자리를 열었다. 조사(曹司)는 정성락(鄭星洛)·이병덕(李炳悳)·권상태(權相泰)·여석무(呂錫武)·서상옥(徐相鈺)이고, 공사원은 김규영·

---

25 개령(開寧) : 개령현(開寧縣)으로 지금의 경상북도 김천시 개령면 일대에 있다.

성주영·황난선(黃蘭善)[26]·조유환(曺有煥)이다. 공사원이 자리에서 나간 뒤
의론이 들쑥날쑥하였는데, 한편에서는 호계서원 통문으로 수석에 혐의가
있으니 도석(道席)에서 처리하지 않을 수 없고, 또 수위(首位)의 환후가
이와 같아서 회복한 뒤에 다시 도회를 정하자고 하면서 지론(持論)이 몹
시 과격하니, 대개 겉으로 이렇게 행동하지만 또한 고집하는 바가 없지
는 않았다. 그러나 여러 의론이 합치되지 않아 다시 김규영을 천거하기
로 기약하고 공사원이 자리에서 일어나자 병산과 하회의 유생들도 따라
서 일어났다. 오후에 다시 금곡 박주종(朴周鍾)[27] 문장(文丈)을 수망(首望)
에 천거하니, 대개 송정(松亭) 권 상사(權上舍) 어른은 수석 백씨(伯氏)가
자리에 있어서 다시 천거하는데 혐의가 없기 때문이다. 제통(製通)과 사
통(寫通)을 선출하여 열읍(列邑)에 통문으로 유시(諭示)하였다. 오후에 천
망(薦望)을 봉행할 유생 권상태(權相泰)가 금곡 행차를 나섰다. 하상(河
上)[28] 수장의(首掌議) 류도성(柳道性)[29]의 단자가 들어왔다.

初四日 開座于明倫堂前 曹司 鄭星洛 李炳德 權相泰 呂錫武 徐相鈺 公事員
金奎永 成周永 黃蘭善 曺有煥 公事員出座後 議論參差 一邊以爲虎溪通文 有
嫌於首席 不可無道席區處 且首位患候如此 不如復常後 更定道會云 而持論甚
激 蓋以是爲皮膜 而亦不無所執 然僉議不合 期於改薦金奎永 以公事員起座
屛河諸儒 亦隨而起 午後更薦 首望于金谷朴文丈周鍾 蓋松亭權上舍丈 以首席
伯氏壓座 無嫌於改薦故也 出製寫通 通諭列邑 午後 奉薦儒生權相泰 發金谷

---

26 황난선(黃蘭善, 1825-1908) : 본관은 장수, 호는 시려(是廬)이다. 황희의 후손으로 상주에 거주했
   으며, 류치명의 문인이다.

27 박주종(朴周鍾, 1813-1887) : 본관은 함양으로 예천을 대표하는 사족 가문 출신이다. 1851년(철
   종 2) 정구와 장현광을 문묘 종사소를 올린 바 있고, 1855년(철종 6) 사도세자의 추존 만인소에도
   참여하는 등 유소 활동의 유경험자였다. 또한 병호시비에 대해 중립적 입장을 견지해 소두(疏頭)로
   서 적절한 인사였으며, 동생 박주운(朴周雲)이 중앙관료로 재직하고 있어 여러모로 도움을 받을 수
   있는 조건에 있었다.

28 하상(河上) : 하회마을의 다른 말이다.

29 류도성(柳道性, 1823-1906) : 본관은 풍산, 호는 석호(石湖)로 류성룡의 후손이며, 류이좌(柳台佐)
   의 손자이다. 유일(遺逸)로 경상도 도사를 역임했으며, 당시 풍산류씨 가문을 대표한 인사였다.

行 河上首掌議柳道性單子 入來

○11월 초5일

이윤성(李潤聲)이 청좌유생(請座儒生)으로서 금곡(金谷)에 갔다.

初五日 李潤聲 以請座儒生 往金谷

○11월 초6일

유생 두 사람이 금곡에서 돌아와 전하기를, "수석이 병단(病單)을 올렸지만 즉시 단자를 돌려주니 8·9일 사이 자리에 나오겠다." 했다고 하였다.

初六日 儒生二員 自金谷還 傳言首席呈病單 而卽時還單 以八九日間出座云

○11월 초7일

종일 비와 눈이 오다. 상경하는 원근의 유생들과 행차를 전별하는 인원들이 서로 이어서 도착하니 조금이나마 일을 돈독히 수행할 희망이 있다. 오후에 호계와 도산, 그리고 의성향교에 통문을 발송하고, 또 각처에 사통(私通)을 보내다. 진주의 답통이 도착하였는데, "먼 곳에서 모임에 달려가는 것은 일의 형편상 할 수가 없으니, 그 고을에서 한성으로 유생을 정하여 보내고 또 임원 수십 명을 파정(爬定)하여 보낸다."고 하였다.

初七日 雨雪終日 遠邇上京儒生及餞行諸員 相繼來到 稍有敦事之望 午後 發通于虎溪陶山及義城鄉校 又私通于各處 晉州答通來到 以爲遠地赴會 事勢末由 自其鄉定送儒生于漢城 又爬任數十員以送

○11월 초8일

장의 이하 사람들이 명륜당에서 자리를 열고, 수장의로 유곡 권재정(權載
珽)[30] 어른을 선출하였다. 이어서 상경할 유생을 뽑는데, 수십 명에 불과
하지만 초계와 개령 유생들은 이미 돌아가 버렸다. 맞이하는 유생을 금
곡에 보냈다.

初八日 自掌議以下 開座于明倫堂 薦出首掌議酉谷權丈載珽 因抄出上京儒生
不過數十員 而草溪開寧儒生 已還去矣 送迎候儒生于金谷

○11월 초10일

금곡의 수석이 저물녘 서원에 들어왔다.

初十日 金谷首席 乘暮入院

○11월 11일

수석이 자리에 나와 서로 읍례(揖禮)를 행한 뒤 자리를 열고, 15일로 발행
일자를 정하였다. 조사(曹司)는 김건영(金建永)·권대성(權大聲)·황진하(黃
震夏)·김덕휘(金德輝)·손재귀(孫在龜)이고, 공사원은 이만정(李晚正)과 이능
벽(李能璧)이다. 이어서 상경할 임원을 파정(爬定)하고 기록하였다.

十一日 首席出座 行相揖禮開座 以十五日定發行日子 曹司 金建永 權大聲 黃
震夏 金德輝 孫在龜 公事員 李晚正 李能璧 因爬錄上京任員

---

30 권재정(權載珽, 1813~1887) : 본관은 안동, 자는 진규(搢圭), 호는 초암(楚庵)으로 안동 유곡 출신
이다.

○11월 12일

소장(疏章)을 선택하려고 하는데, 소장은 모두 4본이다. 그 가운데 하나
는 유곡의 수석이 지은 것이고, 하나는 금곡의 수석이 지은 것이고, 하나
는 황난선이 지은 것이고, 하나는 최세학(崔世鶴)[31]이 지은 것이다. 유곡
에서 지은 글은 내용이 여유로우면서도 완곡하고, 금곡(金谷)에서 지은
글은 내용이 간결하면서도 자세하고, 나머지 두 본은 모두 내용이 핍진
하고 원만하다. 소장에 연명한 공들 가운데 소장 내용을 취사(取捨)할 사
람이 없어 수위 어른이 긴 밤 등불을 돋우며 직접 선택하여 정하였는데,
유곡 소초(疏草)를 정본으로 삼고 간혹 바로잡고 윤색한 곳이 있다.

十二日 將擇疏 疏章凡四本 而其一 則酉谷首席所製也 一則金谷首席所製也
一則黃蘭善所製也 一則崔世鶴所製也 酉谷之本 閑澹而婉轉 金谷之本 簡重而
詳備 二本皆逼盡圓滿 疏下諸公 莫有取捨 首位丈永夜挑燈 躬親擇定 因以酉
谷之草爲正本 而間或有斥正潤色處矣

○11월 13일

아침 일찍 본소(本所)의 하인이 다른 소장 한 본의 종이를 주소(廚所)의
마루 사이 도청소(都廳所)와 가까운 곳에서 주웠는데, 월일 아래 '병산회
중(屛山會中)' 네 글자가 적혀있고, 그 내용은 자못 무례하고 태만하니 도
청의 한 사람이 마침내 이를 보고 감추어버렸다. 밥을 먹은 뒤에 교리 박
주운(朴周雲)[32]이 하직인사를 하고 떠났는데, 대개 며칠 전 행차를 전별하
기 위해서 왔던 사람이다. 길을 나선 뒤 점차(店次)에 앉아 다시 백씨(伯

---

31 최세학(崔世鶴, 1822-1899) : 본관 경주, 호는 성암(惺巖)이며 경주에서 살았다. 이종상(李鍾祥)에
 게 수학했고, 『주역』에 조예가 깊었으며 효자로 이름났다.
32 박주운(朴周雲, 1820-1888) : 본관은 함양, 호는 경당(鏡塘)으로 본 소청(疏廳)의 소두(疏頭)를 맡
 은 박주종의 동생이다. 1852년(철종 3) 문과에 등제해 교리·군수 등을 거쳤으며, 학문에도 조예가
 깊었다.

氏) 어른께 편지를 썼다. 문득 열읍의 유생들이 흩어지려는 뜻이 있다는 소식을 듣고 그 속사정을 물어보니 박 교리(朴校理) 편지 가운데 서원 편액을 귀중히 여기는 내용이 있었다. 저녁이 지난 뒤 온 도내 공들 가운데 장의 이하 사람들이 일제히 모여서 소장(疏章)을 다듬는 일을 의논하였다. 대개 한편으로는 흩어지려는 뜻을 막고, 한편으로는 몰래 패지(牌旨)를 내는 행동을 막아서 오로지 지난 번 계획만을 곧바로 완수하기 위한 일이다. 사소(寫疏) 유생 권상기(權相琦)가 소본(疏本) 한 통을 베꼈는데 자획이 몹시 바르니 가상하다.

十三日 早朝 本所下人 拾一本紙於廚所廳間近於都廳所 而月日下書屛山會中
四字 辭意則頗褻慢 都廳一人 遂不見而掩之 飯後 朴校理周雲辭去 蓋數日前
爲餞行而來者也 旣發而坐店次 更爲修書於伯氏丈函筵 忽聞列邑儒生有渙散
之意云 叩其裡許 則朴校理書中 有歸重額院之故 夕後一道僉公 自掌議以下
齊會議治疏事 蓋一以鎭渙散之意 一以掩潛牌之疏 專爲直遂向前之計也 寫疏
儒生權相琦 寫疏本一通 字劃甚楷正 可尙也

○11월 14일 을축(乙丑)

종일 흐리다. 소본(疏本)을 베끼는 일이 끝나고 이어서 소장(疏章)의 대강 내용을 썼다. 대개 내일 소장을 봉함하여 행장을 꾸려 길을 나서려고 하기 때문이다. 저녁에 재직(齋直) 1명이 또 작은 종이 한 장을 주워서 도청소에 올렸는데, 봉투 겉면에 "임천회중출패(臨川會中出牌) 운운(云云)[33]"이라는 내용이 적혀있었다. 열어서 보니 그 내용은 이른바 "병패(屛牌)"라고 한 것과 대략 서로 비슷한 내용이었다. 대개 두 패(牌)는 모두 곁에서 일을 방해하는 자에게서 나온 소행으로써 병산과 임천(臨川)[34] 두 서원을

---

33 여기서 말하는 '임천회'는 안동의 향론을 주도하던 의성김문를 지칭한다.

34 임천서원(臨川書院) : 김성일의 독향처인 이 서원은 1568년(선조 1) 연암사(緣巖寺) 터에 창건이 되

병산서원(출처-국가유산청)

칭탁한 것이다. 그 정적(情跡)이 더욱 변화무쌍하여 인심과 세변(世變)이 정말 한심하다는 생각이 든다. 다만 다른 의견을 내는 말들이 서로 들끓어 올라 뭇 사람들의 마음을 통일하기 어렵고, 어지러이 일어나는 논의가 진정되지 않도록 하여 기한을 명확히 정해 일을 완수하는 것을 막고 흔드니 몹시 두려운 일이다. 남들의 시끄러운 논의가 점점 수위의 좌중에 들어가면 그동안 불행했던 일을 끝날 수 있겠는가.

十四日乙丑 終日陰曀 寫疏本畢 繼書疏大槪 蓋以明日將封函治發之地也 夕齊直
一名 又拾得一小紙 進于都廳所 封面書臨川會中出牌云云 而圻見其辭旨 則與所
謂屛牌云者 大略相似 蓋其兩牌 皆出於在傍戲事者之所爲 而僞托屛臨兩院 其情
跡尤爲閃忽 人心世變 良覺寒心 第不齊之口 互相喧騰 衆心難一 紛紜未定 刻期
竣事之地阻撓 甚可懼也 外間啾啾之論 轉入于首位座中 這間不幸 容有旣哉

었다. 그러나 1620년(광해군 12) 김성일의 위패가 호계서원으로 이봉되면서 서당으로 전환된 이후 치폐를 거듭했다.

임천서원(출처-국가유산청)

○11월 15일 병인(丙寅)

맑다. 아침 전에 장의 이하 사람들이 수위에게 가서 문후를 드리니, 수위
가 이로 인해 두 패지(牌旨)의 내용을 설명하는데 안색이 동요하지 않았
다. 다만 말하기를, "내가 이미 외람되게도 중임을 맡아 대사(大事)를 담
당하고 있지만, 어찌 다소 부정한 말에 저지당하겠는가. 말이 있으면 물
러날 터이니, 일의 체모(體貌)가 그러하다. 그러나 소절(小節)에 매이기보
다는 천하에 대의(大義)를 펴는 것이 낫다."고 하였다. 말씀이 굳세어 조
금도 막히거나 좌절하는 모습이 없었다. 진실로 50년 동안 경서(經書)를
읽고 의리를 강마하여 얻은 학문의 힘이 아니면 어찌 이와 같을 수 있겠
는가. 뭇 사람들의 논란을 진압하고 뭇 사람들의 마음을 합치시키려는
뜻이 과연 어떠한가. 공경하고 우러러 볼만한 일이로다. 밥을 먹은 뒤에
명륜당에서 자리를 열었다. 수위가 중당(中堂)에 앉은 뒤 장의 이하 사람

들이 차례로 서서 서로 읍례(揖禮)를 행하였다. 당 가운데 자리를 펴고 탁자를 설치한 뒤 남쪽을 향해 탁자 위에 소본(疏本)을 받들어 올렸다. 진사 권세연이 큰 소리로 한 번 읽고 난 뒤 붉은 보자기로 싸서 함 속에 안장하였다. 그 바깥을 봉하고 가죽을 깔고서 다시 탁자 위에 받들어 올렸다. 주위에 둘러서서 배례(拜禮)를 행한 뒤 한 장정에게 지고서 앞으로 나오게 하였다. 소장(疏章)을 배행(陪行)할 한 사람을 선출하고 그 뒤를 따라 수위가 다음으로 나갔다. 저물녘 풍기 고을의 점사(店舍)에 도착하니, 대개 그 읍이 몹시도 작아서 숙소가 일행을 수용하기 어려워 몹시 고생하였다. 오늘 20리 길을 걸었다.

十五日丙寅 晴 朝前 自掌議以下 進候首位 首位因說兩牌辭 而顏色不動 祇云 吾旣冒忝重任擔勞大事矣 豈爲多少不正之說所沮敗哉 有言則退 體貌然矣 而 與其規規於小節 無寧伸大義於天下 辭氣毅然 不少沮挫 苟非五十年橫經講義 之定力 豈能如是哉 其爲鎭羣咻齊衆心 果何如哉 可欽而可仰也 飯後 開座于 明倫堂 首位居中堂 掌議以下序立行相揖禮 展席設卓于堂中 南向奉疏本于卓 子上 進士權世淵 大聲讀一遍訖 裹以紅袱 安于函中 鑰其外席其皮 更奉于卓 子上 環立而行拜禮畢 命一丁擔之而前 定出陪疏一員 隨其後 首位以次出 暮 抵豐基邑店舍 蓋其邑小如丸 傳舍難容一行 甚艱楚 是日行二十里

○11월 16일 정묘(丁卯)

맑다. 밥을 먹은 뒤에 인동(仁同) 장우원(張祐遠)[35] 상사가 험한 길을 넘어 이르니, 그 성의가 몹시도 떳떳하다. 바람과 추위가 갑자기 심해져서 장로들의 행차인지라 조심하고 두려워하지 않을 수 없다. 형편상 이런 날씨는 무릅쓰고 가기가 어려워 수철교(水鐵橋)[36]에 머물러 묵었다. 오늘

---

35 장우원(張祐遠, 1828-1886) : 본관은 인동, 호는 석하(石下)로 1858년(철종 9) 생원시에 입격했다.
36 수철교(水鐵橋) : 현재 영주시 풍기읍 수철리에 있는 무쇠다리이다. 조선시대 죽령을 넘어야 하거나

풍기수철교

15리 길을 걸었다.

十六日丁卯 晴 飯後 仁同張上舍祐遠 跋涉進至 其誠甚不苟也 風寒猝劇 長老
行李 不能無戒懼之私 勢難終日觸冒 止宿于水鐵橋 是日行十五里

○11월 17일 무진(戊辰)

맑다. 아침을 먹은 뒤 길을 나서 고개를 넘으니 행차가 겨우 수십 명이
다. 어떤 이는 뒤 떨어져 행장을 꾸리기도 하고, 어떤 이는 앞에 가서 노
정을 마치기도 하니 모두 당일 약속한 본래 뜻은 아니다. 그러나 각 사람
들의 사정을 잘 헤아려보면 또한 괴이할 것도 없다. 명확한 기준은 구름
을 헤치고 가서 대궐에 호소하는 것이니, 눈앞에 행색이 엉성해도 본래
일에 무슨 방해가 되겠는가. 색이곡(色伊谷)에서 점심을 먹고 저물녘 장

소백산 희방사(喜方寺)를 유람하기 위해서는 경유해야하는 곳이다.

림역(長林驛)[37]에 들어가 머물러 묵었다. 오늘 30리 길을 걸었다.

十七日 戊辰 晴 飯後發行踰嶺 行中 僅數十員 或落後而理裝 或前進而竣程 俱
非當日約束之本意 而細究其各人曲拍 則亦無怪也 的準在於排雲叫閽 則目下
行色之零星 亦何妨於本事哉 午點于色伊谷 暮投于長林驛止宿 是日行三十里

○11월 18일 기사(己巳)

맑다. 일행 중 제소(製疏) 유생 황난선은 문장을 잘 짓는 선비이다. 함께
가는 선비들과 운자(韻字)를 뽑아 창수한 시(詩)가 많은데, 시가 전아(典
雅)하여 작가의 뜻이 있으니 볼 만한 시다. 밥을 먹은 뒤에 길을 나서다.
유교(由橋)[38]에서 점심을 먹고 저물녘 장후(帳後)에 도착하였다. 강을 따
라 이어진 10리 돌 비탈길이 매우 험난했다. 오늘 30리 길을 걸었다.

十八日 己巳 晴 行中製疏儒生黃蘭善 文士也 與聯筇諸彦 拈韻語多唱酬 典雅
有作者意 可觀也 飯後發行 午點于由橋 暮抵帳後 緣江十里石磴 甚艱關 是日
行三十里

○11월 19일 경오(庚午)

맑다. 밥을 먹은 뒤에 계란현(鷄卵峴)[39]을 넘는데, 세찬 바람이 뼛속을 파고
들어 행차에 몹시 방해되어 다섯 걸음에 한번 쉬었다. 덕실점(德室店)[40]에서
점심을 먹고, 저녁에 서창(西倉)[41]에 투숙하였다. 오늘 30리 길을 걸었다.

---

37 장림역(長林驛) : 조선시대 상주에 있던 역으로 보은으로 향하는 길목에 있었다.

38 유교(由橋) : 조선시대 안동의 월경지인 춘양(春陽)의 마을이다. 지금의 경상북도 봉화군 법전면 소
지리에 해당한다.

39 계란현(鷄卵峴) : 계란치라고도 한다. 지금의 충청북도 제천시 남쪽으로 죽령을 이어주는 도로상의
고개이다.

40 덕실점(德室店) : 지금의 충청북도 제천시 한수면 덕곡리에 있던 주막으로 보인다.

十九日庚午 晴 飯後踰雞卵峴 獰風逼骨 大妨行李 五步一憩 午點于德寶店 夕
投于西倉 是日行三十里

○11월 20일 신미(辛未)

맑다. 아침 일찍 예천 하인이 공비(公費)를 지고 왔다. 밥을 먹은 뒤 곧바
로 길을 나섰다. 몇 리쯤에 이르자 얼음을 깨고 고기를 낚는 사람이 있어
서 물고기 두세 마리 샀는데 맛이 몹시 담박하였다. 예안의 최명식(崔明
植)이 중도에 찾아오니 그 뜻이 몹시 정성스럽다. 강 돌길을 따라가니 길
을 가기 어려웠다. 저물녘 충주읍에 도착하여 머물러 묵었다. 오늘 40리
길을 걸었다. 본 읍의 홍영술(洪永述)이 찾아왔다.

二十日辛未 晴 早朝 醴泉下隷 負公費而來 飯後卽爲發行 至數里有斫氷釣魚
者 買得數三尾 味甚澹泊矣 禮安崔明植 中路歷訪 其意則甚款厚也 緣江石逕
有難行李 暮抵忠州邑 仍爲止宿 是日行四十里 本邑洪永述來訪

○11월 21일

눈이 내리다가 다시 볕이 나다. 아침 일찍 길을 나서 10리 거리의 북창
(北倉)에 이르니, 강물이 중간에 나뉘어졌는데, 한쪽은 얼었고 한쪽은 배
가 다니지만 사공들이 막 건너편 마을에 가서 도착하지 않았다. 일행 가
운데 두세 장정이 마침 물길에 배를 띄울 줄 알아서 어려운 물길을 잘
건넜다. 하소점(河蕭店)에서 점심을 먹고, 오후에 또 강을 건넜지만 바람
과 추위가 몹시 혹독하여 정말 먼 길을 가기 어려웠다. 저녁에 봉황래(鳳
凰來)[42]에 들어 가서 머물러 묵었다. 오늘 40리 길을 걸었다.

---

41 서창(西倉) : 지금의 충청북도 제천시 한수면 서창리이다.

二十一日 雪而復陽 早發至北倉十里之地 江水中分 一邊成冰 一邊行舟 篙工
水師 方在於越村未到 行中數三丁 適知水路行舟 艱關利涉 午點于河蕭店 午
後 又渡江而風寒甚酷 實難遠赴 夕投鳳凰來 止宿 是日行四十里

○11월 22일 계유(癸酉)

맑다. 행차가 용당(龍堂)에 도착했는데, 뒤따르는 행차가 아직 도착하지
않았기 때문에 그대로 머물러 묵었다. 오늘 20리 길을 걸었다. 수위가 준
소본(疏本)이 난초(亂草)로 되어 있어서 김도영(金度永)에게 다시 정서(正
書)하도록 하였다.

二十二日癸酉 晴 行至龍堂 後行姑未到 故仍爲止宿 是日行二十里 首位賜疏
本亂草 使金度永 更爲正書

○11월 23일 갑술(甲戌)

맑다. 아침 일찍 길을 나서 장후원(長厚園)에 도착했는데도 해가 아직 남
아있어서 앞으로 나아가고 싶었으나 대부분 사람들이 머물러 묵는 것이
낫다고 하기에 우선 머물러 묵기로 하였다. 이병상(李炳商)[43]·이만정·이
중두(李中斗)[44]·안호연(安浩淵)[45]이 도착하였다. 오늘 30리 길을 걸었다.

---

42 봉황(鳳凰) : 지금의 충청북도 충주시 중앙탑면 봉황리이다.

43 이병상(李炳商, 1830-1895) : 본관은 진성, 호는 만포(晩圃)로 영주 출신이다.

44 이중두(李中斗, 1836-1914) : 본관은 진성, 호는 소계(素溪)로 이황의 12세손이다. 1880년 문과
    에 급제한 뒤 우부승지 등을 거쳐 이조참의를 제수 받았으나 벼슬을 버리고 낙향했다. 경술국치 이
    후에는 세상과 인연을 끊고 은거했다.

45 안호연(安浩淵, 1827~1898) : 본관은 순흥, 자는 맹연(孟然)이고, 호는 남계(楠溪)이다. 과거에 뜻
    을 두지 않았으며, 세상이 혼란해지자 권세연(權世淵)·김원수(金遠銖) 등과 학문을 강학하고 소백산
    일대를 유람하였다.

二十三日甲戌 晴 早發至長厚園 日力猶有前進之望 然多率留宿之道 無過於此 故姑爲止宿 李炳商 李晩正 李中斗 安浩淵來到 是日 行三十里

○11월 24일 을해(乙亥)

맑다. 10리 거리의 이목정(梨木亭)[46]에 도착했을 때 수석이 뜻밖에 몹시 아파 점사(店舍)에 몸져누웠다. 이는 반드시 추위를 무릅쓰고 서울 길을 나서서 생긴 병이다. 탕약을 달여 연이어 복용하자 조금 차도는 있으나 길을 가는데 몹시 어려움이 있기 때문에 앞으로 나갈 수가 없었다. 그러나 사람들은 점사의 방이 좁아서 먼저 20리 거리에 있는 섬계(剡溪)에 들어가 머물러 묵다.

二十四日乙亥 晴 至梨木亭十里之地 首席偶以甚症 委臥店舍 此必是向西觸寒之致 煎陽連服 小有向減然 有難行役 故未能前進 而諸員則以店室之窄 先投剡溪二十里之地 止宿

○11월 25일 병자(丙子)

맑다. 아침 일찍 길을 나섰다. 발막(鉢幕)에 도착해 점심을 먹고, 이천읍(利川邑)에 머물러 묵었다. 오늘 40리 길을 걸었다.

二十五日丙子 晴 早發 至鉢幕午點 止宿于利川邑 是日行四十里

○11월 26일 정축(丁丑)

흐리다. 아침 일찍 길을 나섰다. 곤주와(困酒臥)에 도착해 점심을 먹은 뒤

---

46 이목정(梨木亭) : 현재 경기도 이천시 장호원읍 이황리에 있던 정자이다.

곧바로 조현(鳥峴)⁴⁷에 들어가 머물러 묵었다. 오늘 60리 길을 걸었다.

二十六日 丁丑 陰 早發 至困酒臥午點後 卽投鳥峴 止宿 是日行六十里

○11월 27일 무인(戊寅)

언 눈이 산에 쌓여 길을 가는데 어려움이 있기 때문에 하루 더 머물러 묵었다. 그러나 걸어서 눈길을 뚫고 앞으로 나아가야 하니 몹시 걱정된다. 순흥 유생 송재관(宋在觀)이 도착하였다.

二十七日戊寅 凍雪山積 有難行李 故一日留宿 而步行前進冒雪衝 殊甚悶然 順興儒生宋在觀 來到

○11월 28일 기묘(己卯)

큰 눈이 또 어제처럼 내리다. 쾌청해질 기약이 없기 때문에 밥을 먹은 뒤에 모두 길을 나서는데, 순흥 유생 김헌규(金獻奎)가 이때 도착하여 함께 길을 나섰다. 가평(加平)에서 점심을 먹고 다시 얼음길을 나서는데, 가마꾼과 말들이 정말 발을 딛기 어려워 간신히 송파(松坡)에 도착해 머물러 묵었다. 오늘 40리 길을 걸었다.

二十八日己卯 大雪又如前日 快晴無期 故飯後一齊發行 順興儒生金獻奎 于時來到 聯鑣竝進 午點于加平 更登氷程 轎丁行馬 實難接足 艱到松坡 止宿 是日行四十里

---

47 조현(鳥峴) : 경기도 광주시의 북부 송정동에 위치한 고개이다. 새오개라고도 한다.

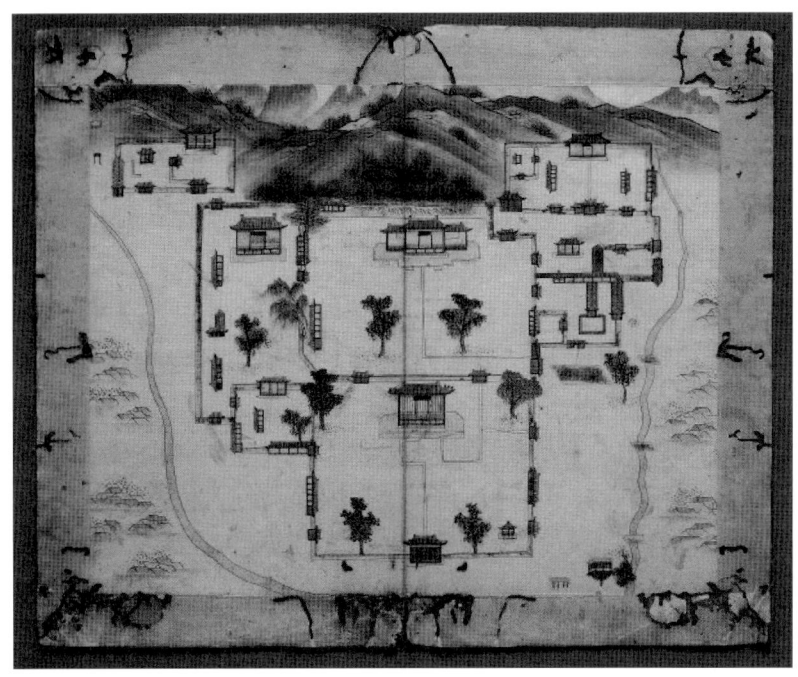

반촌도泮村圖(출처-서울역사박물관)

○11월 29일 경진(庚辰)

맑다. 아침 일찍 바람이 평온하여 두 강을 잘 건넜다. 도성에 들어갈 때 진사 권세연에게 말을 채찍질하여 먼저 들어가게 했는데, 이것은 반촌(泮村)에 숙소를 정해야 하기 때문이다. 진사 장석후(張錫煦)[48]가 동문(東門) 밖에서 머물러 기다리고 있었으니, 그 정성이 대사(大事)를 수행할 수 있겠다. 곧장 반촌 산청동(山淸洞)으로 달려가니, 바로 유곡의 숙소이다. 대평(大坪)의 감찰(監察) 류지호(柳止鎬)[49], 유학 김수연(金壽淵)·강준영(姜

48 장석후(張錫煦, 1836-?) : 본관은 인동이며 인동에서 살았다. 1870년(고종 7) 생원시에 입격했다.
49 류지호(柳止鎬, 1825-1904) : 본관은 전주, 호는 세산(洗山)으로 류치명의 아들이다. 음직으로 당

濬永), 진사 류도기(柳道夔)[50]·김휘숙(金輝璹)[51]이 한꺼번에 와서 보았다. 오늘 20리 길을 걸었다. 예천 유생 박의집(朴義集)[52], 상주 유생 채규식(蔡圭植)이 뒤이어 도착하였다.

二十九日庚辰 晴 早朝 風勢平穩 利涉兩江 而入城之際 使進士權世淵 策馬先入 此則泮中定舍館故也 進士張錫煦 留待東門外 其誠可做大事也 直走泮村山淸洞 卽酉谷舍館也 大坪柳監察止鎬 幼學金壽淵 姜濬永 進士柳道夔 金輝璹 一時來見 是日行三十里 醴泉儒生朴義集 尙州儒生蔡圭植 追到

○12월 초1일 신사(辛巳)

맑다. 임원들이 각각 숙소를 정하니, 바로 여독이 나타났기 때문이다. 진사 이중두에게 소초(疏草)의 부본(副本)을 다시 쓰게 하였다. 진사 장우원이 동재(東齋) 하인을 불러 나가서 대궐 문 밖에 소청(疏廳)을 정하도록 하고, 또 임원들에게 각각 정해진 자리를 두도록 하니, 그 성의가 대사(大事)를 수행할 수 있겠다. 진사 정건화(鄭建和)[53], 유학 김규상(金奎庠), 정언 김홍규(金弘奎), 정언 박봉환(朴鳳煥)[54], 정언 안희원(安禧遠)[55], 승지 장석룡

하직을 역임했고, 독립운동에 참여하였다. 저서로는 『세산집(洗山集)』이 있다.

50 류도기(柳道夔, 1830-?) : 본관은 풍산, 안동 출신으로 1864년(고종 1)에 생원시에 입격한 뒤 현감·도정(都正) 등의 관료의 길을 걸었다.

51 김휘숙(金輝璹, 1840-1904) : 본관은 선성(宣城), 초명은 휘각(輝珏)이다. 영주에 거주했으며, 1870년 생원시에 입격했다.

52 박의집(朴義集, 1846~1913) : 본관은 함양, 자는 양직(養直)이고, 호는 직재(直齋)로서 예천 금곡 출신이다. 관직에 뜻을 두지 않고 고향에서 학문 연구에 힘썼다. 이유인(李裕寅)과 교유하며, 향약 보급에 힘썼다.

53 정건화(鄭建和, 1826-1894) : 본관은 청주(淸州), 호는 지수(芝岫)이며 성주에 거주했다. 1874년 (고종 11) 생원시에 입격했으며 동몽교관을 제수 받았다.

54 박봉환(朴鳳煥, 1825-?) : 본관은 밀양으로 상주 출신으로, 1862년(철종 13) 문과에 급제하여 관료를 지냈다.

55 안희원(安禧遠, 1846-1919) : 본관은 광주(廣州), 호는 시헌(時軒)·죽림(竹林)이다. 밀양 출신으로 1876년(고종 13) 문과에 급제하고, 관직은 대사간에 이르렀다. 일제강점기에 『성호전집(星湖全集)』

(張錫龍)[56], 도사 최만희(崔晚憙)[57], 승지 이만기, 교리 이능화(李能華)[58], 좌
랑 손상준(孫相駿)[59], 정언 이만현(李晚鉉)[60], 진사 박장문(朴璋文)[61], 유학
박의교(朴義敎)가 한꺼번에 와서 보았다. 오후에 순흥의 유생 박현승(朴顯
承), 서상건(徐相鍵), 이종우(李鍾禹)가 대가천(大加川)으로 길을 갔다가 날
이 저문 뒤에 도착하였다. 오늘 산청동(山淸洞)에 머물러 묵었다.

十二月初一日辛巳 晴 諸員各定舍館 卽路儳闥發之故也 使李進士中斗 更書疏
草副本 張進士祐遠 招致東齋下隷 出定疏廳于闕門外 又使諸員各有定所 其誠
意則可做大事也 進士鄭建和 幼學金奎庠 全正言弘奎 朴正言鳳煥 安正言禧遠
張承旨錫龍 崔都事晚憙 李承旨晚耆 李校理能華 孫佐郎相駿 李正言晚鉉 朴
進士璋文 幼學朴義敎 一齊來見 午後 順興儒生朴顯承 徐相鏈 李鍾禹 作路于
大加川 晚後來到 是日留宿于山淸洞

○ **12월 초2일 임오(壬午)**

맑다. 밥을 먹은 뒤 권세연에게 대궐 밖에 나가서 도소(都所)를 정하고,
오전에 소함(疏函)을 받들고 앞으로 나갔으나 해가 이미 다 넘어가 대궐

출간을 주관했고, 병산서원 원장에 재임했다.

56 장석룡(張錫龍, 1823-1908) : 본관은 인동, 호는 유헌·운전(雲田), 시호는 문헌(文憲)으로 인동 출
신이다. 1846년(헌종 12) 문과에 장원으로 급제하여 판서에까지 올랐다. 1864년(고종 1) 만언소
(萬言疏)를 올려 당시의 시폐(時弊)를 지적하기도 하였다.

57 최만희(崔晚憙, 1832~1879) : 본관은 경주, 자는 성극(聖極)이다. 경주 교촌 출신으로 1861년(철
종 12) 생원시에 합격하였으며, 북부도사(北部都事)와 옥책감조관(玉冊監造官)을 지냈다.

58 이능화(李能華, 1830-1892) : 본관은 여강(驪江), 구미 선산출신이다. 1865년(고종 2)에 문과에
급제하여 양산군수, 병조참의 등을 지냈다.

59 손상준(孫相駿, 1828-?) : 본관은 경주, 경주 출신으로 1864년 생원시에 입격한 뒤 내외직에 제수
되었다. 영덕현령 시절에는 사학(邪學)을 엄격히 금해 임금에게 포상을 받았다.

60 이만현(李晚鉉, 1832-1911) : 본관은 진성, 호는 치암(恥巖)으로 예안출신이다. 이황의 11대손으
로 1867년(고종 13) 문과에 합격해 조정에 몸담았다.

61 박장문(朴璋文, 1812-1877) : 본관은 함양, 호는 화암(華庵)으로 의성에 살았다. 1855년(철종 6)
에 진사시에 입격했으나 출사하지 않고, 은일한 삶을 살아 선비들의 존경을 받았다.

앞에 부복하는 일은 미루고 내일 아침 일찍 하기로 정하였다. 그리고 숙소는 문을 닫고 한가히 지내기 어렵기 때문에 임원들에게 각자 사적인 주인을 찾아 휴식하도록 하고, 대궐 앞에 부복할 때 일제히 모이기로 약속을 정하였다. 도소(都所)는 바로 운대(雲臺)의 직방(直房)[62]과 매우 가까운 곳이다. 오늘도 이 숙소에 머물러 묵었다.

> 初二日壬午 晴 飯後 使權世淵 出闕外以定都所 而午前奉疏函前進 日力已盡
> 伏ны**事退定于明日早朝 而舍館有難關閑 故諸員各定私主人 使之休息 以伏閣
> 時齊會 以爲定約 都所卽雲臺房切近之地 是日止宿于此館

○12월 초3일 계미(癸未)

맑다. 각처의 임원들이 모두 와서 돈화문 밖에 모였다. 소함(疏函)을 탁자 위에 받들어 올리고, 수위(首位)부터 이하 나이 차례로 일제히 부복한 사람이 40명에 가까웠다. 얼마 되지 않아 정원(政院)에서 관리를 보내 부본(副本)을 올리도록 명하니, 성공할 희망이 있는 듯하나 끝내 일이 어떻게 될는지 모르겠다. 저물 무렵 숙소로 물러났다. 이날 아침 일찍 참봉 류인목(柳寅睦)[63], 진사 정건화·류도기·김휘숙이 와서 보았다.

> 初三日癸未 晴 各處諸員 濟濟來會于敦化門外 奉疏函于卓子上 自首位以下
> 序齒齊俯者 近四十員 未幾 自政院遣吏 命上副本 似有庶幾之望然 姑未知末
> 來事機之如何 而乘暮退定于舍館 伊日早朝 柳參奉寅睦 進士鄭建和 柳道夔
> 金輝璹來見

---

62 직방(直房) : 조방(朝房)이라고도 하는데, 조정의 벼슬아치들이 조회 시각을 기다릴 때 사용하는 방으로, 이조 직방, 호조 직방 등 각 관아마다 직방이 따로 있었다. 위치는 대궐 정문의 바깥쪽 곁에 있었다.

63 류인목(柳寅睦, 1839-1900) : 본관은 풍산, 낙동대감으로 유명한 우의정 류후조(柳厚祚)의 조카로 상주 출신이다. 1865년(고종 2) 생원시에 입격하여 양산현감을 지냈고, 류후조를 모시고 청나라 연경을 다녀왔다.

○12월 초4일 갑신(甲申)

맑다. 포진유사(鋪陳有司)[64] 박현승과 손재귀가 함께 빈자리에 나아가고, 수위(首位)부터 이하 사람들이 차례로 길을 나섰다. 류도기, 정건화, 김휘숙이 일제히 도착하여 함께 궐문 앞에 부복하였다. 오늘 모인 인원은 40여 명이다.

初四日甲申 晴 鋪陳有司朴顯承 孫在龜 竝進空席 自首位以下 次第登程 柳道夔 鄭建和 金輝璹 一齊來到 旣爲伏閣 是日會員四十餘人

○12월 초5일 을유(乙酉)

맑다. 포진유사는 박희수(朴禧壽)·김도영인데, 박희수는 밖에서 도착하지 못하여 채규식이 아침 일찍 빈자리를 설치하였다. 자리에 앉는 차례는 또한 전날과 같았다. 진사 박장문이 와서 전해준 남촌(南村) 오인(午人)[65]의 논의에, "영남의 소장(疏章)이 이미 올라갔으니 마땅히 우리들과 이 일을 상의해야 하는데 아직 아무 소식도 없고, 게다가 전날 대원위(大院位)[66]를 환궁시키도록 요청했던 소장과 금일 사원(祠院)의 복설(復設)을 요청하는 소장은 앞뒤 의리가

흥선대원군(출처-e뮤지엄)

---

64 포진유사(鋪陳有司) : 소행(疏行)이 상소를 올리기 위해 궐문 앞에 부복할 때 자리를 깔고 배치를 담당하는 유사이다.

65 오인(午人) : 남인(南人)의 지칭한다.

66 대원위(大院位) : 흥선대원군를 말한다.

크게 상반되고 있다."고 하였다. 박 진사가 즉시 답하기를 "앞의 일은 앞의 일대로 의리가 있고, 뒤에 일은 뒤에 일대로 의리가 있는 것이니, 어떻게 이렇게까지 말하는 지경에 이르렀는가."라고 하였다. 겨울 추위가 몹시 혹독하여 장로들이 견디기 정말 어려운 일이다. 군문(軍門)의 한 늙은 군정이 뜰아래 와서 고하기를 "무슨 일이 있기에 이처럼 몹시도 고생을 하십니까?"라고 하기에 바로 서원을 복설하는 일이라고 알리니 탄식하지 않는 군졸이 없었다. 드디어 하인 1명과 마부(馬夫) 2명에게 자리를 걷도록 하고 돌아왔다. 오늘 도사 최만희가 와서 보았다.

初五日乙酉 晴 鋪陳有司朴禧壽 金度永 朴禧壽 在外未到 蔡圭植 早設空席 座
次又如前日 進士朴璋文來見 所傳南村午人之論 嶺疏旣上 當與吾儕相議此事
而尙此寂然 且以前日請還大院位之疏 今日祠院請復之疏 前後義理 大有相反
云 朴進士卽答前事 是義理也 今日事 是義理也 則此言奚爲而至哉云云 冬寒甚
酷 丈老事實難排遣 軍門一老丁 來告庭下曰 有何事機而如是甚苦耶 卽喩以復
院之事 軍卒莫不嘆尙 遂命下隷一名馬夫二丁 掇席而歸 是日崔都事晚憙來見

○**12월 초6일 병술(丙戌)**

맑다. 포진유사 이종우와 채규식이 봉대(鳳坮)[67] 강복(姜福)을 향도청(鄉都廳)으로 삼고 이미 망기(望記)를 내어 발송하였다. 아침 일찍 궐문에 이르니, 장상(將相)에서부터 이하 화모(花帽)와 각대(角帶)를 차고 출입하는 사람들이 전날보다 배나 더 많았는데, 대왕대비의 생신이 바로 오늘이기 때문이다. 도청(都廳)의 물자가 이미 바닥나 진사 권세연이 장차 이를 주선할 생각으로 출입하였다. 추운 날씨가 이와 같아 말석에 참석한 사람들이 모두 물러나 쉴 생각으로 도청소(都廳所)에 많이 왕래하였다. 오늘

---

67 봉대(鳳坮) : 현재의 상주시 신봉동(新鳳洞)이며, 진주강씨 집성촌이 있다.

도 달리 기별이 없었다. 선전(宣傳) 장형택(張瀅澤)이 와서 보았다.

初六日丙戌 晴 鋪陳有司李鍾禹 蔡圭植 以鳳坮姜福爲鄕都廳 已出望記送之矣 早到闕門 自將相以下 揷花帽角帶 互相出入者 信加前日 卽大王大妃 生朝在 今日故也 都廳資用已竭 進士權世淵 將以周旋之計 作出入 日寒如此 席末參 座者 皆以退休之計 多有往來于都廳所 是日別無他奇 張宣傳瀅澤來見

○12월 초7일 정해(丁亥)

맑다. 궐문 앞에 부복할 때 상좌(上座)에 부복하였는데, 말석에 엉성한 행동을 하는 사람들이 많았다. 이 일은 반드시 추위를 무릅써야 하는 우려가 있지만 체면 상 남의 이목을 의식할 필요가 있다. 장 선전(張宣傳)과 진사 허형(許衡)이 함께 와서 보았다.

初七日丁亥 晴 伏閣時 上座俯伏 而第席末多有零星之擧 此必有觸寒之慮 然 體面則有碍於耳目 張宣傳 許進士衡 幷來見

○12월 초8일 무자(戊子)

맑다. 아침을 먹은 뒤에 궐문에 부복하였다. 진사 권세이, 김도영의 숙소에 가서 공비(公費)에 관한 일로 반일 동안 상의하고 천성(川城)에 사람을 보내도록 하였다. 도사 최만희가 포(脯) 3조(條)와 돈 1냥을 가지고 와서 부조하였다.

初八日戊子 晴 朝後伏閣 權進士世淵 往于金度永舍館 以公費事 半日相議 使 之送人于川城 崔都事晩憙 以脯三條文一兩來助

○ **12월 초9일 기축(己丑)**

맑다. 아침을 먹은 뒤에 궐문 앞에 부복했다가 신시(申時)[68]에 물러났다.

初九日己丑 晴 朝後伏閣 申退

○ **12월 초10일 경인(庚寅)**

맑다. 아침을 먹은 뒤 궐문 앞에 부복하였다. 직장(直長) 최한주(崔翰周)[69]
가 와서 문안하였다. 한 노졸(老卒)이 있었는데, 공수(拱手)하고 말하기를,
"이와 같은 큰일은 윗사람이나 아랫사람이나 다 이견이 없지만 날씨가
근래 혹독하니 노인들의 사정 때문에 걱정되는 마음 가누지 못하겠습니
다."라고 하였다. 그 성명을 물어보니, 곧 대답하기를, "이만엽(李萬燁)"이
라 하였고, 그 나이는 69세인데 50년 동안 관문을 지키고 있는 사람이라
고 하였다.

初十日庚寅 晴 朝後伏閣 崔直長翰周來問 有一老卒 拱手而言曰 如此大擧 雖
無上下之異 而日氣比酷 老人事不勝悶然云云 問其姓名 則曰李萬燁 其年則六
十九 而五十年守關者云耳

○ **12월 11일 신묘(辛卯)**

맑다. 아침을 먹은 뒤에 하양의 유생 허곤(許錕)이 뒤따라 도착하였다. 밥
을 먹은 뒤 궐문 앞에 부복하였다. 교리 이능화가 와서 보았다.

初十一日辛卯 晴 朝後 河陽儒生許錕追到 飯後伏閣 李校理能華 來見

---

68 신시(申時) : 오후 3시부터 5시 사이이다. 해가 짧은 계절에는 관료들이 신시에 퇴근하였다.

69 최한주(崔翰周, 1842-?) : 본관은 경주, 청도 출신으로 1859년(철종 10)에 진사시에 입격해 침랑·
    금부도사·군수를 역임했다.

장석영 회당선생문집晦堂先生文集(출처-국립중앙박물관)

○12월 12일 임진(壬辰)

맑다. 아침을 먹은 뒤 궐문 앞에 부복하였다. 궐문 앞에 부복한지 열흘이
되었으나 아직 소식이 없으니 답답한 일이다. 오후에 승지 장석룡이 와
서 보았다.

十二日壬辰 晴 朝後伏閣 伏閣已至十日 而尙無動靜 可鬱 午後 張承旨錫龍
來見

○12월 13일 계사(癸巳)

맑다. 아침을 먹은 뒤 궐문 앞에 부복하였다. 선전(宣傳) 장형택(張瀅澤)과
도사(都事) 조병진(曺秉鎭)이 와서 보았다. 신시(申時)에 물러난 뒤 김병(金

炳) 춘양(春陽)과 진사 박장문이 와서 문안하였다.

十三日癸巳 晴 朝後伏閤 張宣傳澄澤 曺都事秉鎭來見 申退後 金炳春陽 朴進
士璋文來問

○12월 14일 갑오(甲午)
맑다. 아침을 먹은 뒤에 궐문 앞에 부복하였다. 직장 최한주와 진사 박장
문, 박염규(朴琰圭)가 와서 보았다.

十四日甲午 晴 朝後伏閤 崔直長翰周 朴進士璋文 朴琰圭 來見

○12월 15일 을미(乙未)
맑다. 아침을 먹은 뒤에 궐문 앞에 부복했다가 신시(申時)에 물러났다.

十五日乙未 晴 朝後伏閤 申退

○12월 16일 병신(丙申)
맑다. 아침을 먹은 뒤에 궐문 앞에 부복하였다. 승지 장시표(張時標)[70]와
감찰 류지호가 와서 보았다.

十六日丙申 晴 朝後伏閤 張承旨時標 柳監察止鎬 來見

---

[70] 장시표(張時標) : 장시표(張時杓, 1819~1894)의 오기로 보인다. 장시표의 본관은 인동(仁同), 자는
응칠(應七), 호는 운고(雲皐)로 장현광의 후손이다. 1849년(헌종 15) 문과에 급제하였으며, 현풍현
감·집의·교리·동부승지·병조참의 등을 지냈다.

○12월 17일 정유(丁酉)

맑다. 아침을 먹은 뒤에 궐문 앞에 부복하였다. 중화(中和)의 최진항(崔鎭恒)이 와서 보더니, 이어서 말하기를 "연전에 기자서원(箕子書院)[71]을 복설하는 일로 궐문 앞에 여러 달 부복하였지만 물러나 돌아가라고 타일렀습니다. 차마 편히 돌아가지 못하여 다시 숭례문 밖에 부복하다가 돌아갔는데, 지금 대의 소식을 듣고 공경하는 마음을 가누지 못하여 왔습니다."라고 하였다. 하양의 김대규(金大圭)와 성주의 정언 이긍우(李肯宇)가 와서 보았다.

> 十七日丁酉 晴 朝後伏閤 中和崔鎭恒來見 因言年前以箕子書院復設事 伏閤累朔 曉喩退還 不忍便還 更伏崇禮門外歸矣 今聞大義 不勝欽尙而來云 河陽金大圭 星州李正言肯宇 來見

○12월 18일 무술(戊戌)

맑다. 아침 일찍 최진항이 의관을 갖추고 와서 참석하였다. 신시(申時)에 물러난 뒤에 남촌(南村)의 조창하(趙彰夏)가 와서 보더니, 이어서 말하기를 "이 거사는 바로 온 나라 사람들의 의리입니다. 어찌 팔도에 알려서 동시에 함께 일어나도록 하지 않습니까?"라고 하자 수석이 "영남은 평소 자신의 본분을 지키면서 스스로 도리를 다할 뿐입니다. 때문에 같은 소리에 서로 응답하지 못합니다."라고 답하니, "그렇군요."라고 대답하였다. 이어서 소초(疏草)를 보여 달라고 청하더니, 칭찬하고 감탄하며 떠났다. 곁에 있던 사람이 말하기를, "이 사람은 지금 호남 어사(御使)로 어윤중(魚允中)[72]의 부옹(婦翁, 장인)인데, 강직한 명성으로 지금 조정에서 우러러 보

---

71 기자서원(箕子書院) : 평양에 있던 기자를 모신 서원이다. 1612년(광해군 4)에 기자사를 숭인전(崇仁殿)으로 사액하고, 선우식(鮮于寔)을 기자의 후손이라 하여 숭인감(崇仁監, 정6품)에 임명해 그 직을 세습하게 하였다. 그 뒤 1637년(인조 15)에는 묘정비를 복구하고 숙종·영조 대에 치제가 이어졌다.

는 사람입니다"라고 하였다. 직산(稷山) 정관진(鄭寬鎭)이 와서 보았다.

十八日戊戌 晴 早崔鎭恒以巾服來參 申退後 南村趙彰夏 來見 因言此擧卽一
國義理也 何不通諭八域 同時齊發乎 首席答以岑南素守拙法 自盡道理而已 故
不能同聲相應也 答曰然 因請見疏草稱歎而去 傍人有言 此人則今湖南御史魚
允中婦翁也 直聲方傾朝也 稷山鄭寬鎭 來見

○**12월 19일 기해(己亥)**

맑다. 대정(大政)[73]이 다가왔다. 상의원(尙衣院) 직방(直房)에서 동구(洞口) 안
여관으로 거처를 옮겼다. 성주의 유생 김서림(金書林)이 와서 참석하였다.

十九日己亥 晴 大政迫近 自尙衣院直房 移所于洞口內旅館 星州儒生金書林
來參

○**12월 20일 경자(庚子)**

맑다. 아침을 먹은 뒤 궐문 앞에 부복했다가 신시(申時)에 물러났다.

二十日庚子 晴 朝後伏閤 申退

○**12월 21일 신축(辛丑)**

맑다. 오늘 인정전(仁政殿)에 상께서 친히 납시어 일차강(日次講)[74]을 여니,

---

72 어윤중(魚允中, 1848-1896) : 본관은 함종, 호는 일재(一齋)로 1869년 문과에 합격해 정계에 입문
했다. 전라우도 암행어사로 탐관오리를 징벌하고 파격적인 개혁안을 내놓았다. 이어 갑오개혁 때는
더욱 진전된 개혁정책을 주도한 핵심인사였다.

73 대정(大政) : 해마다 음력 12월에 시행하던 도목정사(都目政事). 도목정사는 6월과 12월 두 차례 시
행하는데 12월의 것이 규모가 커서 대대적으로 시행하였으므로 12월의 것을 대정, 6월의 것을 소
정(小政)이라 하였다.

창덕궁 인정전(출처-국가유산청)

오영(五營)[75]의 군사가 각각 병기를 지니고 바로 돈화문 밖에 이르렀다. 향리에 살던 사람의 안목으로는 모두 천화세계(千花世界) 아님이 없었고, 또 경계하고 두려운 생각까지 들었으니 우리 동방의 만년 병기(兵器)와 의장(儀仗)이 성대하기도 하도다. 일차강에 들어간 유생은 모두 경락(京洛)[76]의 번화한 가문 연소자들인데, 영남에서는 진사 이중두가 낙점을 받아 일차강에 들어갔다.

二十一日辛丑 晴 是日親臨于仁政殿 設日次講 五營之軍 各持兵器 卽抵敦化

---

[74] 일차강(日次講) : 일차 유생 전강(日次儒生殿講)을 줄인 말로, 성균관과 사학(四學)의 특정일 또는 특정 기간의 도기(到記)에 든 유생을 서계(書啓)한 단자에서 낙점 받은 경우 및 사학의 장의(掌議)와 색장(色掌)을 대상으로 일차(日次) 즉 정해진 날짜에 보이는 전강(殿講)이다.

[75] 오영(五營) : 오군영(五軍營)의 약칭으로 훈련도감(訓鍊都監), 총융청(摠戎廳), 수어청(守禦廳), 어영청(御營廳), 금위영(禁衛營)의 총칭이다.

[76] 경락(京洛) : 서울을 뜻한다. 옛날 중국의 낙양(洛陽)의 중국의 수도였던 것에서 유래하였다.

門外 鄕間眼目 皆莫非千花世界 且有戒懼之思 吾東方萬年器仗 於斯盛矣 入
講儒生 皆京洛華門年少 而岺南則李進士中斗 蒙點入講

○**12월 22일 임인(壬寅)**

맑다. 장동의 조창하가 편지로 문안하였다. 오늘 수규(首揆)[77] 이하 신하
들이 대왕대비(大王大妃) 존호를 올리는 옥책요여(玉冊腰輿)와 옥보채여
(玉寶彩輿)[78]을 봉행하였는데, 각자 금관(金冠)과 조복(朝服)을 갖추고서
입시(入侍)하여 하례를 올렸다. 영남 사람으로는 도사(都事) 최만희가 감
조관(監造官)[79]으로 들어갔다. 진사 이중두가 상격(賞格)에 들어 인정전에
서 은전을 하사받았다.

　二十二日壬寅 晴 長洞趙彰夏 書問 是日 自首揆以下 奉大王大妣加上尊號玉
　冊腰輿玉寶彩輿 各具金冠朝服 入侍進賀 而岺人卽崔都事晚熹 以監造官入去
　矣 進士李中斗 入賞格 賜恩于仁政殿

○**12월 23일 계묘(癸卯)**

흐리다. 김도영과 박현승이 병으로 칩거하여 궐문 앞 부복에 참석하지
않았다.

　二十三日癸卯 陰 金度永 朴顯承 病蟄 未參於伏閣

77 수규(首揆) : 영의정의 별칭이다. 당시 영의정은 이최응(李最應)이 재직하고 있었다.

78 옥책요여(玉冊腰輿)와 옥보채여(玉寶彩輿) : 옥책은 왕이나 왕비에게 존호를 올릴 때 그 덕을 기리는
　글을 새긴 옥 조각을 엮어 매어 책처럼 만든 것이고 옥보는 죽은 임금이나 왕후의 존호를 새긴 도장
　을 말한다. 이를 실은 가마가 요여(腰輿)와 채여(彩輿)이다.

79 감조관(監造官) : 국가에서 하는 일에 대하여 관리·감독하는 직책이다.

○ **12월 24일 갑진(甲辰)**

흐리다. 아침을 먹은 뒤 궐문 앞에 부복하였다. 순흥의 유생 박현승과 안동의 유생 김도영이 병으로 돌아가자 수위를 시행(侍行)하던 박두진(朴斗鎭)도 여러 날 끙끙 앓다가 말을 타고 함께 돌아갔다. 순흥의 유생 서상건과 김헌규(金獻奎) 또한 사적인 일로 돌아갔다. 오늘 듣자하니, 칠도의 유생들도 복원(復院)의 일로 연이어 소장(疏章)을 올리는 의론을 일으키고, 정월 상순에 와서도가(瓦署都家)[80]에 일제히 모여 팔도에서 함께 소장을 올리자는 의론을 위해 종루와 사대문(四大門)에 글을 게시한다고 하니, 떳떳한 본성은 온 나라 사람들이 똑같음을 알겠다. 소유(疏儒)와 소청(疏廳)의 공비(公費)를 계속 보내라는 뜻으로 열읍과 본도에 통문을 보냈다. 신시(申時)에 물러났다.

二十四日甲辰 陰 朝後伏閤 順興儒生朴顯承 安東儒生金度永 病歸 首位侍行 朴斗鎭 亦累日呻痛 騎馬同歸 順興儒生徐相鍵 金獻奎 亦以私故歸 是日聞七 道儒生 亦以復院事 繼發治疏之議 以開正上旬 齊會于瓦署都家 爲八道同疏之 議 書揭于鍾樓及四大門 可知秉彝之擧國同然也 以繼送疏儒及疏廳公費之意 通文于列邑本道 申退

○ **12월 25일 을사(乙巳)**

맑다. 아침을 먹은 뒤 궐문 앞에 부복하였다. 양주의 유학 오일영(吳一泳)이 와서 문안하더니, 이어서 말하기를 "석실서원(石室書院)[81]도 훼철하는 서원 가운데 들어가서 사론(士論)이 한창 끓어올라 소장(疏章)을 올려 호소하고자 하는데 미처 하기도 전에 영남에서 먼저 이 일을 하시기에 와서

---

80 와서도가(瓦署都家) : 와서(瓦署)는 조선시대 궁궐 조성 및 보수에 쓰이는 기와와 벽돌을 공급하는 관청이며, 도가(都家)는 같은 장사를 하는 상인들이 쓰는 사무실 겸 창고를 뜻한다.
81 석실서원(石室書院) : 경기도 남양주시 석실마을에 있었던 김상헌 등을 모신 서원이었다. 1566년 (효종 7)에 설립이 되고, 1663년(현종 4) 사액된 이 서원은 노론 낙론의 학풍을 이끈 서원으로 유명하다.

석실서원 강규講規(출처-한국고전번역원)

하례 드립니다."라고 하였다. 앞서서 잠시 논의하였는데, 그의 용모와 언동(言動)이 몹시 유아(儒雅)하였다. 신시(申時)에 물러났다. 저녁에 삼계서원의 하인이 와서 유곡 일행이 보낸 편지를 전하며 75냥을 소장 올리는 비용으로 보내주었으니 몹시도 위로가 된다. 청도의 유생 김우석(金佑奭)과 이경선(李景善)이 돌아간다고 고하였다. 경주의 유생 이능벽이 종기(瘇氣) 때문에 반촌에 체류하면서 여러 날 동안 몹시 괴로워하니, 걱정되는 마음 가누지 못하겠다.

二十五日乙巳 晴 朝後伏閤 楊州幼學吳一泳來問 因言石室書院亦在毀中 士論彌騰 欲爲疏籲 而未及之際 岑南先之 卽以來賀云云 坐論移時 其容貌言止 極爲儒雅矣 申退 夕 三溪院隷來 致酉谷一行書 以七十五兩 齎送疏資 極庸慰愜 淸道儒生金佑奭 李景善 告歸 慶州儒生李能璧 以瘇氣留滯泮中 累日苦劇 不勝悶然

○12월 26일 병오(丙午)

맑다. 궐문 앞에 부복하였다. 수위 어른이 유곡 권 장의(權掌議) 어른과 함께 병석에 있는 이능벽에게 편지로 문병했었는데 답장이 왔다. 신시(申時)에 물러났다.

二十六日丙午 晴 伏閤 首位丈與西谷權掌議丈 聯書問李能璧病席 答書來到 申退

○12월 27일 정미(丁未)

맑다. 궐문 앞에 부복하였다. 8도 소청(疏廳)의 통문이 도착했는데, 발문 유사(發文有司) 정원석(鄭元錫) 등이 보낸 별도의 간통(簡通)이 있어서 바로 답서를 보냈다. 단성(丹城)의 참봉 권인국(權仁國)이 와서 문안하였다. 삼계(三溪)의 심부름꾼이 돌아가기에 머물고 있던 하인 2명을 딸려 보내고, 단지 1명만 남겨 사환(使喚)과 포진(鋪陳) 등의 일을 맡겼다. 신시(申時)에 물러났다.

二十七日丁未 晴 伏閤 八道疏廳通文來到 發文有司鄭元錫等 別有簡通 即爲書答 丹城權參奉仁國 來問 三溪伴歸 隨送留隷二名 只留一名 以備使喚鋪陳 等事 申退

○12월 28일 무신(戊申)

눈이 오다. 궐문 앞에 부복하였다. 팔도에서 소장(疏章)을 올리는 일은 이미 소청(疏廳)을 설치했으니, 같이 호소하는 처지에 마땅히 가서 문후해야 하기 때문에 최원술(崔元述)과 황난선이 와서도가(瓦署都家)에 가서 거듭 우리의 뜻을 전하고, 이어서 그 통문의 내용 가운데 한두 곳 상의할 곳을 말하니, 소청(疏廳) 임원들이 즉시 기꺼이 받아들이고 바로잡겠다고 하였다. 낮에 중국 자문(咨文)[82]이 도착하여 궁궐 정문을 열고 들어갔다. 신시(申時)에 물러났다.

二十八日戊申 雪 伏閣 八道疏事 旣爲設廳 則同聲之地 當有往問 故崔完述 黃蘭善 往瓦署都家 申爲致意 因言其通辭中二一商量處 廳中諸員 言下樂聞而 斤正云 午中 國咨文來到 開正門而入 申退

○ **12월 29일 기유(己酉)**

맑다. 궐문 앞에 부복했다가 신시(申時)에 물러났다.

二十九日己酉 晴 伏閣 申退

○ **12월 30일 경술(庚戌)**

맑다. 궐문 앞에 부복하였다. 낮에 궁궐 정문을 열고 각 능(陵)의 궁묘(宮廟)[83] 제관(諸官)들이 향축(香祝)을 받들고 서로 이어서 나가자 백관들이 문안하였다. 신시(申時)에 물러났다.

三十日庚戌 晴 伏閣 午開正門 各陵宮廟諸官 奉香祝相繼出去 百官問安 申退

---

82 자문(咨文) : 중국과의 사이에 외교적인 교섭이나 통보, 조회할 일이 있을 때에 주고받던 공식적인 외교문서이다.

83 궁묘(宮廟) : 역대 임금과 왕비의 위패를 모시던 왕실의 사당이다.

무인년 1878

○**정월 초1일 신해(辛亥)**

아침에 맑다가 오후에 흐리다. 오늘은 1년 원신(元辰)[84]으로 온 나라가 함께 경사스러워하는 날이니, 대궐에 호소하여 굳이 청하는 일은 온당하지 않기 때문에 특별히 부복하는 일을 멈추었다. 아침에 소청(疏廳)의 임원들이 각각 새해 인사를 하고, 같은 도(道) 열네댓 군(郡)의 선비들이 쓸쓸히 서로 떠나갔다. 어떤 이는 2·3백리 거리이고 어떤 이는 4·5백리 거리이지만 각자 대의를 지니고 와서 함께 이곳에서 한 해를 보내고 새해를 맞았으니 또한 쉬운 일이 아니로다. 서로 위로하고 앞으로 마땅히 대대로 우호를 강마하는 일에 힘쓰도록 하자고 하였다.

> 戊寅正月初一日辛亥 朝晴午陰 是日以一年元辰 萬國同慶 叫閣固請 嫌於未安 故特爲停伏 朝 疏廳諸員 各修歲首之禮 同省十四五郡章甫之落落相去 或數三百里 或四五百里 而各秉大義 共此餞迓 亦不易事 相與慰觧 勗以他日當世講其誼好云

○**정월 초2일 임자(壬子)**

맑다. 아침을 먹은 뒤에 궐문 앞에 부복하였다. 참봉 이태중(李泰重)이 와서 문안하였다. 신시(申時)에 물러났다.

> 初二日壬子 晴 朝後伏閣 李參奉泰重 來問 申退

---

84 원신(元辰) : 정월에 선농(先農)을 제사하는 길일을 뜻하며, 원단(元旦)이라고도 한다.

고종 어진(출처-국립고궁박물관)

○정월 초3일 계축(癸丑)

흐리고 춥다. 오늘 상께서 종묘와 경모궁(景慕宮)[85]에 납시었다. 아침을
먹은 뒤에 소청(疏廳)의 임원들이 자리를 마련해 돈화문 밖 월대(月臺) 아

---

85 경모궁(景慕宮) : 사도세자의 사당으로 서울특별시 종로구 연건동에 있었다.

래 임금의 대가가 행차하는 서쪽 길에서 공손히 기다렸다. 상사 이병상이 소장(疏章)을 받들고 가운데 서고, 수위 이하 일행들이 차례로 서서 엄숙히 공수하고 기다렸다. 지나는 군병들 또한 공경을 다하지 않음이 없었고 서로 침범하지 말라고 경계하였는데, 등철(登徹)[86]을 바라는 자들이 몹시 많았다. 사시(巳時)에 어가를 받들고 궁을 나오자 상께서 익선관(翼善冠)[87]과 강사포(絳紗袍)[88]를 착용하셨는데, 옥빛이 온화하고 순수하여 우러러 바라보는 사람들이 서로 경하하니 실로 만세토록 끝없는 복을 주실 분이로다. 자연히 충성심과 사랑하고 존경하는 마음이 일어났다. 포시(晡時)[89]에 환궁하실 때도 다시 앞서 했던 의례대로 기다렸다. 멀리서 임금님의 모습을 바라보니, 누차 옥수(玉手)로 쓰신 안경을 들추면서 마치 자세히 살펴보시는 듯하였다. 초야의 먼 지방 천한 신하들이 모두 감격한 마음을 가누지 못해 축원하고 물러났다. 상주의 유학 성백원(成百源) 또한 의관을 갖추고 와서 참석하였다. 성주의 정언 이긍우와 해주의 유학 정일교(鄭一喬)가 와서 문안하였다.

初三日癸丑 陰而寒 是日上幸宗廟景慕宮 朝後 疏廳諸員 設席祗候于敦化門外 月臺下輦路之西 李上舍炳商 奉疏中立 自首位以下一行序班 肅拱以待 軍兵過者 亦無不致敬 相戒勿犯 祝以登徹者甚衆 巳時奉駕出宮 上御翼善冠 絳紗袍玉色溫粹 瞻仰胥慶 實萬世無疆之休 自然生忠赤愛戴之心矣 晡時還宮 又復迎候如前儀 遙望重瞳累回 以玉手擧所御眼鏡 若審視然 草茅遐賤之臣 俱不勝感祝而退 尙州幼學成百源 亦以巾服來參 星州李正言肯宇 海州幼學鄭一喬 來問

---

86 등철(登徹) : 상주문을 임금에게 올린다는 뜻으로 소장(疏章)을 임금이 받아보는 것을 말한다.

87 익선관(翼善冠) : 임금이 상시(常時)에 쓰는 관으로 위에 턱이 져서 앞이 낮고 뒤가 높게 검은 사(紗)나 나(羅)로 싸서 만들며 모자 뒤쪽에 매미의 날개 모양의 뿔이 달렸다. 익선관(翼蟬冠)이라 쓰기도 한다.

88 강사포(絳紗袍) : 왕이 착용하는 붉은색의 조복(朝服)을 말하며, 주로 삭망(朔望)·조강(朝講)·조하(朝賀) 등의 행사가 있을 때 입는다.

89 포시(晡時) : 오후 3시부터 5시 사이를 뜻하는 신시(申時)의 다른 말이다.

○**정월 초4일 갑인(甲寅)**

맑다. 궐문 앞에 부복했다가 신시(申時)에 물러났다. 감찰 류지호가 와서 문안하였다. 영천(永川)의 유생 조유환(曺有煥), 경주의 유생 이능벽과 최세매(崔世邁)가 돌아간다고 고하였다.

初四日甲寅 晴 伏閣 申退 柳監察止鎬 來問 永川儒生曺有煥 慶州儒生李能璧 崔世邁 告歸

○**정월 초5일 을묘(乙卯)**

맑다. 궐문 앞에 부복하였다. 성주의 유생 김서림이 병이 들어 반촌에 체류한지 벌써 예닐곱 날이 되었는데, 시절 유행병에 걸린 듯하다고 하니 걱정되는 마음 가누지 못하겠다. 신시(申時)에 물러났다.

初五日乙卯 晴 伏閣 星州儒生金書林 病滯泮中 已至六七日 似涉時沴云 不勝 悶然 申退

○**정월 초6일 병진(丙辰)**

맑고 춥다. 아침에 수위 어른이 머물고 있던 하인을 돌려보내면서 가서(家書)를 붙였는데, 편지에 근래 소장(疏章)을 올리는 일에 대하여 자세히 언급하였다. 궐문 앞에 부복하였다. 황난선이 익성공(翼成公, 황희) 사묘(祠廟)를 배알하기 위해 파주에 갈 때 손상수(孫相秀)와 함께 판서 허전(許傳)[90]을 찾아갔는데, 허 대감이 소장(疏章)을 올리는 일에 대하여 오랫동안 임금께 올리지 못한 일을 몹시도 걱정하며 그런 마음이 얼굴과 말투

---

90 허전(許傳, 1797-1886) : 본관은 양천(陽川), 호는 성재(性齋)로 포천 출신이다. 1835년(헌종 1) 문과에 급제해 사환했고, 동시에 기호(畿湖)의 남인학자로서 당대 유림의 종장(宗匠)이 되어 많은 문인들을 양성했다.

에 나타났다고 한다. 신시(申時)에 물러났다.

初六日 丙辰 晴而寒 朝 首位丈還送 留隸付家書 備言近日疏事 伏閣 黃蘭善
以祗拜翼成公祠廟 往坡州 與孫相秀 歷訪許判書傳 許台以疏事之久未登撤 極
加憂悶 形於色辭云 申退

○정월 초7일 정사(丁巳)

맑다. 궐문 앞에 부복했다가 신시(申時)에 물러났다.

初七日丁巳 晴 伏閣 申退

○정월 초8일 무오(戊午)

맑다. 궐문 앞에 부복하였다. 공비(公費)가 부족하여 태학사령(太學使令)
임석홍(林石鴻)에게 본도(本道) 유생들 중에 아직 도착하지 않은 사람을
불러들여 읍(邑) 저리(邸吏)들에게 그 읍(邑)의 크고 작은 정도에 따라 공
비전(公費錢)을 내도록 분부하게 하였다. 신시(申時)에 물러났다.

初八日戊午 晴 伏閣 公費不足 命太學使令林石鴻 招致本道儒生未到 諸邑邸
吏 隨其邑大小 分付公費錢 申退

○정월 초9일 기미(己未)

맑다. 궐문 앞에 부복하였다. 송재관에게 열읍에 보내는 통문과 사통(私
通)에 관한 제반 일들을 맡도록 하였다. 영천(榮川)의 유생 장진석(張鎭錫)
이 사적인 일로 돌아간다고 고하였다. 순흥의 유생 이종우가 한 해가 지
나자 부모님을 뵙고 싶은 마음이 있어서 소청(疏廳)에 편지를 올리고 돌

아갔다. 신시(申時)에 물러났다.

初九日己未 晴 伏閣 使宋在觀 寫列邑通文及私通諸事 榮川儒生張鎭錫 以私
故告歸 順興儒生李鍾禹 有閱歲觀庭之思 呈書于疏廳而歸 申退

○정월 초10일 경신(庚申)
맑다. 궐문 앞에 부복하였다. 오늘 백관들이 임금께 하례를 올리고 어두
워질 무렵 물러났다. 신시(申時)에 물러났다.

初十日庚申 晴 伏閣 是日百官進賀 乘昏而退 申退

○정월 11일 신유(辛酉)
맑다. 궐문 앞에 부복했다가 신시(申時)에 물러났다.

十一日辛酉 晴 伏閣 申退

○정월 12일 임술(壬戌)
맑다. 궐문 앞에 부복하였다. 정언 안희원이 와서 보았다. 신시(申時)에
물러났다.

十二日壬戌 晴 伏閣 安正言禧遠 來見 申退

○정월 13일 계해(癸亥)
맑다. 경주의 장의(掌議) 최태수(崔泰壽)가 부득이 긴요한 일이 있어 돌아
간다고 고하였다. 신시(申時)에 물러났다.

十三日癸亥 晴 掌議慶州崔泰壽 有不得已之緊故 告歸 申退

○정월 14일 갑자(甲子)

맑다. 궐문 앞에 부복하였다. 안동의 주서(奏書) 김두진(金斗鎭)이 와서 문안하였다. 신시(申時)에 물러났다.

十四日甲子 晴 伏閣 安東金奏書斗鎭 來問 申退

○정월 15일 을축(乙丑)

맑다. 궐문 앞에 부복하였다. 유생들 가운데, "해가 지나도록 궐문 앞에 부복하였는데, 아직도 처분이 없어 결과가 어떻게 되는지 모르겠습니다. 소청(疏廳)을 걷고 물러나 돌아가는 것만 못합니다."라고 말하는 사람이 있으니, 진사 권세연이 의(義)를 들어 이를 진정시키기를, "우리 유림의 일이니, 말없이 스스로 물러나는 일이 어찌 선비 된 사람의 도리겠는가? 게다가 똑같이 살펴주어야 하는 일이니, 마침내 반드시 처분이 내려질 것은 분명한 일이다."라고 하자 소청(疏廳)이 이때문에 절로 진정되어 다시 시끄러운 논란이 없었다. 신시(申時)에 물러났다.

十五日乙丑 晴 伏閣 諸生或有言 伏閣經歲 尙無處分 不知末稍之如何 不如掇
廳退歸云云 權進士世淵 以義鎭之曰 吾林之事 無言自退 豈爲士者之道乎 且
一視之下 終必有處分也明矣 廳中以此自定 更無咻咻之論矣 申退

○정월 16일 병인(丙寅)

맑다. 궐문 앞에 부복하였다. 궐문 앞에 부복하는 유생들에게 비용을 나누어

주었다. 오늘 성균관에서 인일(人日) 과거[91]를 실시하는데, 소청(疏廳)에 이름을 올린 유생들은 합의하여 과거를 보지 않았다. 신시(申時)에 물러났다.

十六日丙寅 晴 伏閣 班料于伏閣諸生 是日 設人日科于成均館 疏廳付名諸儒 準議不得觀光矣 申退

○정월 17일 정묘(丁卯)

맑다. 궐문 앞에 부복하였다. 인일(人日) 과거에 급제한 사람은 민환익(閔煥翼)이고, 초시(初試)에 합격한 사람 또한 약간 명이다. 전날 저녁이 보름날인데 월식(月食)의 재앙이 있어서 금속을 치면서 재앙을 물리쳤다. 신시(申時)에 물러났다.

十七日丁卯 晴 伏閣 人日及第閔煥翼 初試賞格 亦若干人 前夕望日 有月食之 災 鳴金却灾矣 申退

○정월 18일 무진(戊辰)

맑다. 궐문 앞에 부복하였다. 비용을 나누어준 이래로 궐문 앞에 부복하던 유생들 가운데 한 사람도 빠지는 사람이 없다. 신시(申時)에 물러났다.

十八日戊辰 晴 伏閣 自班料以來 伏閣諸儒 無一人零縮矣 申退

○정월 19일 기사(己巳)

맑다. 궐문 앞에 부복했다가 신시(申時)에 물러났다.

---

91 인일(人日) 과거 : 인일제(人日製)라고 하는데, 정월 간지에 인(寅)이 들어가는 날을 인일이라 하여 이를 기념하기 위해 주로 성균관 유생을 대상으로 보는 과거를 말한다.

十九日己巳 晴 伏閣 申退

○정월 20일 경오(庚午)

맑다. 궐문 앞에 부복하였다. 계수주인(界首主人)[92]의 입회 저리(立會邸吏)를 불러서 공비(公費)에 관한 일을 분부하였다. 신시(申時)에 물러났다.

二十日庚午 晴 伏閣 招本道界首主人眼同邸吏 分付公費事 申退

○정월 21일 신미(辛未)

맑다. 궐문 앞에 부복하였다. 문경의 유학 심상의(沈相義)가 와서 보더니, "나는 바로 북촌(北村) 심상훈(沈相薰)[93]의 사촌입니다. 한 달 동안 이곳에 머물고 있는데, 같은 도(道)의 유생들이 여러 달 고생을 하고 있다는 소식을 들었습니다. 한 번 문안드리는 일이 비록 늦기는 했어도 매번 재상과 벼슬아치들을 볼 때마다 소장(疏章)을 올리는 일이 지체되어 걱정이라고 극력히 말하지 않은 적이 없습니다. 또 지난번 시회(詩會)에 북촌 재상의 자제들과 원만한 모임을 가졌는데, 내가 또 이 일에 대하여 설명하기를, '영남 유생들의 소장(疏章)이 한 달이 지나고 해를 넘겼지만 아직도 처분이 없으니, 그 정성이 아름답지만 걱정되는 마음은 말로 다할 수가 없다.'라고 하였더니, 한참 있다가 영상의 자제 대교(待敎) 이재긍(李載兢)[94]이 답하기를, '누차 이 말씀을 하는 것은 반드시 나에게 알리기 위해

---

92 계수주인(界首主人) : 서울에 지내면서 각 도 감영에 관한 일을 맡아보는 사람을 가리킨다. 계수번(界首番)이라고도 한다.

93 심상훈(沈相薰, 1854-?) : 본관은 청송, 수구당의 한 사람으로 민씨 정권과 밀접한 관계에 있었다. 1896년(고종 33) 아관파천 이후에는 경제를 문란시킨 주범으로 몰려 탄핵의 대상이 되었다.

94 이재긍(李載兢, 1857-1881) : 당시 영의정 이최응의 아들로 예조판서 등 고위직을 역임했다.

서 발설하는 것이다. 그러나 조만간 마땅히 처분이 있을 것이다.'라고 하
였습니다."라고 하였다. 그 물정을 살펴보니, 일에 변동 형세가 있는 듯
하다. 신시(申時)에 물러났다.

二十一日辛未 晴 伏閤 聞慶幼學沈相義來見曰 我卽北村沈相薰之四寸也 有月
留此 聞同道之累朔經苦 一問雖遲 而每見宰相與游窟 無不極言疏事之遲悶也
又於向者詩會 北村宰相子弟 無不圓會 余又發此說曰 嶺南儒疏之閱月經歲 尙
無處分 其誠可佳 而憂悶不可道也 良久領閣子弟李待教載兢答曰 此言之累累
必爲聞余而發也 然早晩間 當有處分云云 觀其物意 則有變動之勢矣 申退

○정월 22일 임신(壬申)

흐리다. 아침 일찍 예천의 수찬 박주운(朴周雲)이 도착하여 백씨께 문후 편
지를 썼다. 유생 진사 권경하(權絅夏)[95]와 진사 이선하(李善河)[96]가 이어서
부복할 계획을 연이어 올렸다. 궐문 앞에 부복하였다. 박 수찬은 유생의
소장(疏章) 일로 상소할 뜻이 지극히 돈독하였다. 신시(申時)에 물러났다.

二十二日壬申 陰 早朝 醴泉朴修撰周雲來到 以修伯氏候節 儒生權進士絅夏
李進士善河 連進繼伏之計矣 伏閤 朴修撰 以儒疏事 極篤上疏之意也 申退

○정월 23일 계유(癸酉)

흐리다. 궐문 앞에 부복하였다. 수찬 박주운이 소장(疏章)을 써서 초안을
냈는데, 답답한 심정을 극렬히 언급하였다. 신시(申時)에 물러났다.

二十三日癸酉 陰 伏閤 朴修撰周雲 治疏發草 極言悶鬱之情矣 申退

---

95 권경하(權絅夏, 1833-1910) : 본관은 안동, 호는 소남(素南)으로 예천에 살았다. 1874년(고종 11)
　　생원시에 입격했다.
96 이선하(李善河, 1846-?) : 본관은 경주, 예천 출신으로 1867년(고종 4) 생원시에 입격했다.

박주운 상서(출처-예천박물관)

○정월 24일 갑술(甲戌)

맑다. 아침 일찍 박 수찬이 정원(政院) 사령(使令)에게 소장을 봉하여 정원
에 넣도록 하였다. 궐문 앞에 부복했다가 신시(申時)에 물러났다. 이에 박
주운의 봉소(封疏)를 상께 올렸는데 상께서 비답하시기를, "유생들의 소장
에 관한 일은 마땅히 처분이 있을 것이다."라고 하셨다. 이로부터 소청(疏
廳)에서는 기쁘고 감사하여, 박 수찬이 유림을 크게 빛내 당세에 명성이
있을 것이라고 하였다. 오늘 저녁 팔도 소청(疏廳)의 유사 정원석(鄭元錫)
과 조창하가 동복 두 명에게 남초(南草)[97] 2근을 가지고 소청(疏廳)에 문후
하도록 하고, 이어서 말하기를 "영남의 소장(疏章)이 먼저 발의되어 의로
운 소식에 모두 향응하였는데, 저희들의 거사는 바로 영남의 소장을 이어
서 일어났으니 당신들을 뒤따라 호종하겠습니다."라고 하였다. 앉아서 한
동안 이야기를 나누다가 술과 안주를 차려 예우하고 보냈다.

---

97 남초(南草) : 담배의 별칭으로, 본래 남방에서 전해진 데서 유래하였다.

二十四日甲戌 晴 早朝朴修撰 命政院使令 封疏章入政院 伏閣 申退 于時朴周
雲 封疏入啓 下批曰 日儒疏事 當有處分矣 自是廳中欣感 以爲朴修撰大有光
於儒林 而有名於當世矣 卽夕 八道疏廳有司鄭元錫 趙彰夏 使二僮持南草二斤
修候於疏廳 而因言嶺疏先發 義聲俱應 生等之擧 卽繼岺疏 趂下風而護從云云
坐語移時 供酒殽 禮待而送之

○정월 25일 을해(乙亥)

맑다. 오늘은 바로 백관들이 임금께 하례를 올리는 아침이다. 아침 일찍 유생의 소장(疏章)을 받들어 들이라는 명령이 내려와 소수(疏首)가 소장을 받들고 정원(政院)에 들어갔다. 권세연에게 소장을 읽도록 하고 끝마치자 상께서 전교하시기를, "소장을 보고 잘 알았다. 이것이 어찌 서둘러 논의할 일이겠느냐? 너희들은 물러나 학업을 닦도록 하라."고 하셨다.

二十五日乙亥 晴 是日 卽百官進賀之朝也 早朝 下儒疏奉入令 疏首奉疏入政
院 使權世淵讀疏畢 傳曰 省疏具悉 此豈遽爲之事乎 爾等退修學業

○정월 26일 병자(丙子)

맑다.

二十六日丙子 晴

○정월 27일 정축(丁丑)

맑다.

二十七日丁丑 晴

○정월 28일 무인(戊寅)

맑다. 소청(疏廳)을 걷고 향리(鄕里)로 돌아왔다.

二十八日戊寅 晴 掇廳還鄕

소본疏本

유곡(酉谷) **이재**(頤齋) **권연하**(權璉夏)

　삼가 아룁니다. 신들은 모두 초야의 천한 자질로 유적(儒籍)에 이름이
올라 있어 글을 외고 익히는 것은 유교(儒教)이고, 흠모하는 것은 유현(儒
賢)이며, 귀의하는 곳은 유궁(儒宮)입니다. 선왕(先王)들이 학교를 세우고
선비를 양성하여 치화(治化)를 도야한 것이 바로 이러한 수단을 통해서
이며, 선정(先正)들이 법규를 창도하고 가르침을 베풀어 후인들을 계도한
것이 바로 이러한 도를 통해서 이며, 후학들이 임금과 스승의 가르침을
받들어 학업을 닦고 강송(講誦)하는 일에 스스로 힘써 나라에서 선비를
등용하는 근본이 되는 것이 바로 이러한 문물을 통해서 이니, 이 밖에 다
른 방법은 없는 것입니다. 그런데 세속의 수준이 점차 떨어지고 풍교(風
教)가 갈수록 쇠미해져 속된 학문과 변변찮은 재주가 옛 제도를 한결같
이 따르지는 못하나 아직도 고을 학교에 종사하여 유가의 복식을 하고
유가의 행실을 실천할 수 있는 것은 바로 신들의 직분이 그러하기 때문
입니다.
　현재는 명철하신 성상께서 위에 계셔 다스림과 교화가 융성하게 젖어
들어 그 세상 사람들을 격려하고 노둔한 자질을 연마하도록 하는 방도가
도를 존숭하고 사람다운 사람을 만드는 교화로 이어지리라 날로 기대가
되고 있는 터입니다. 그런데 근자에 우리 전하께서 말세의 풍속으로 폐

단이 늘어나고 있는 점을 우려하고 남발하는 제사로 외람되이 귀신에게 비는 행위를 징계하시어 거듭 엄한 교지를 내려 일체를 훼철하게 하셨으니, 실로 성상의 염려가 주밀하여 시의에 맞게 손익을 헤아리시고 이와 같이 부득이 한 처분을 내렸음을 알 수가 있습니다. 그러나 삼가생각건대, 열성(列聖)께서 선현들을 존숭하시어 사전(祀典)을 명하여 희생과 폐백을 올린 것이 이처럼 지극히 융성했고, 뛰어난 선비들을 권장하여 경적(經籍)을 하사하고 학전(學田)을 재원으로 내린 것이 이처럼 지극히 돈독하셨던 것입니다.

그런데 이제 하루아침에 결국 이를 철폐하여 누대에 걸쳐 경건히 받들어 오던 영령들은 의탁할 곳이 없게 되고, 나라 안의 선비들은 학문을 닦을 곳이 없어지게 되었으니, 우리 유학의 정통은 실추되고 국가의 원기는 삭막해졌습니다. 신들은 머리를 모으고 놀라고 두려워하며 출입할 때 애통해하고 있습니다. 그러나 살펴보자면 천도의 운행에 따른 서리와 눈과 비와 이슬 등이 가르침이 아닌 것이 없고, 건곤(乾坤)이 점진적으로 열리고 닫히며 때에 따라 변통함이 있어 갔다가 돌아오지 않는 것이 없는 것은 자연의 변함없는 이치입니다. 그래서 지난 신미년(1871) 여름에 한 번 외람되이 호소하여 성상께 상달되기를 바랐으나 대궐은 엄숙하고 깊어 미천한 정성을 알릴길 없이 세월만 보내다가 결국엔 그만두고 만 것이 벌써 이에 몇 년이나 되었습니다. 신들은 조정에서 이와 같은 조치를 취한 것이 어찌 폐해를 없애고 퇴폐를 경계하는 방도가 아니겠는가라고 감히 생각은 하고 있습니다. 그러나 지난 10년간 그 효험을 보지 못하였으니, 나라에는 보탬이 된 것이 없고 백성에게는 도움이 된 바가 없었으며, 심지어는 군대 창고의 재용과 향읍의 행정에 하나라도 편의를 가져다 준 것이 없었습니다. 오히려 날마다 보는 것은, 풍속은 퇴폐하여 무너지고 명교(名敎)는 문란해져 다시는 이를 유지하고 지켜나갈 도리가 깨끗이 사라진 모습이니, 학정(學政)이 치화와 관련이 된 점은 오랜 시간을 기다리지 않아도 여기에서 즉시 알 수가 있습니다. 신들은 오래도록 쌓여 온 답답한 심정과 하소연할 데 없는 한을 품고 있습니다. 전일에 제사의 예법을 거행하는 자리에서 주선을 하던 이들이 늙은이들은 이미 죽었고, 생존해 있는 이들은 이미 늙어 버려 장차 날이 갈수록 점차 잊혀져가고 말게 될 것입니다. 그래서 이에 감히 천리 먼 길을 달려 나와 말 한마디를 아뢰고 죽고자 하는 것이니, 전하께서는 유념하여 맑은 마음으로 살펴 주소서.

신들이 삼가 당일에 판결을 내린 것을 보니, "삼대(三代)의 시절에는 서원이 없었다."고 하였습니다. 무릇 서원이란 명칭은 비록 후세에 나온 것이긴 해도 그 제도는 실제 삼대의 융성했던 시절에서 비롯되었으니, 교외에는 소학(小學)의 학사(學舍)가 있고 당(黨, 500가구의 마을)과 가(家, 25가구의 마을)에는 상(庠)과 숙(塾)을 두는 규정이 있었습니다. 그리고 제법(祭法)에 이르기를, "훌륭한 법을 백성에게 베푼 자를 제사하고 죽음을 무릅쓰고 나랏일에 힘쓴 자를 제사하며, 수고하여 나라를 안정시킨 자를 제사하고, 큰 난리를 막은 자를 제사하며, 큰 재해를 막아낸 자를 제사한다."고 하였으니, 고종(瞽宗)[98]에서 악조(樂祖)[99]를 제사 지냈는데 태학(太學)에서만 그렇게 한 것이 아닙니다. 마을의 가숙(家塾)의 좌우 선생들도 뜻을 같이하는 후학들의 제사를 받지 않음이 없었으니, 이른바 "향선생(鄕先生)이 죽으면 사(社)에서 제사를 지낼 만하다."고 한 것이 그것입니다.

---

98 고종(瞽宗) : 학교를 말한다. 『예기(禮記)』 「명당위(明堂位)」에 "고종은 은(殷)의 학교이다."고 하였다.

99 악조(樂祖) : 선사(先師)와 선현(先賢)을 의미하는 말이다. 『주례(周禮)』 「춘관종백 하(春官宗伯下)」 대사악조(大師樂條)에서 "무릇 도가 있는 이와 덕이 있는 이는 교육을 담당하게 하고, 그들이 죽으면 악조로 삼아 고종에서 제사한다."고 하였다.

99 고종(瞽宗) : 학교를 말한다. 『예기(禮記)』 「명당위(明堂位)」에 "고종은 은(殷)의 학교이다."고 하였다.

후대에 내려와 한(漢), 당(唐) 이후로는 제의(祭義)가 더욱 갖추어졌으니, 기록을 상고해 보면 분명히 알 수가 있습니다. 이어 송(宋)이 일어나 치세의 시기를 맞았을 때 남당(南唐)[100]의 구제(舊制)에 따라 서원에서 선현을 존숭하여 제사하는 제도를 만들었습니다. 그리하여 명신(名臣)과 석유(碩儒) 중에 사표(師表)로 삼을 만한 사람은 그 소재에 따라 사당을 세우고, 염락관민(濂洛關閩)[101]과 같이 도를

주자 영정(출처-국립민속박물관)

전한 대현들은 고을마다 사당이 없는 곳이 없었습니다. 더러는 한 고을에 여러 개를 설치하여 건녕(建寧)과 같은 지역에는 주자(朱子)를 모신 두 개의 서원이 있었는데, 모두 축문을 공경히 내려주어 이를 드러내 금지와 모범이 되게 하였습니다. 명(明)에 이르러서는 더욱 번창하여 『일통지(一統志)』[102]에 뚜렷이 드러나 있는 것만도 이루 다 손을 꼽을 수가 없습니다. 그리고 민중(閩中)[103]의 학교를 기록한 것에는 이르기를, "10보마다 상(庠)이 하나 있고, 5보마다 숙(塾)이 하나 있다."고 하였으니, 당시에 학교가 많음을 싫어하지 않았던 것이 이와 같았습니다.

---

100 남당(南唐) : 중국 오대십국(五代十國) 때 이변(李昇)이 오국(吳國)의 예제(睿帝)를 몰아내고 금릉(金陵)에 세운 나라로 송나라에게 멸망되었다.

101 염락관민(濂洛關閩) : 송대(宋代) 성리학의 주요 학파로, 염계(濂溪) 주돈이(周敦頤), 낙양(洛陽)의 정호(程顥)·정이(程頤), 관중(關中)의 장재(張載), 민중(閩中)의 주희(朱熹)를 가리킨다.

102 『일통지(一統志)』: 1461년 중국 명나라에서 이현(李賢)·팽시(彭時) 등이 편찬한 관찬지리지인 『대명일통지(大明一統志)』를 가리킨다.

103 민중(閩中) : 중국 복건성(福建省)에 속한 고을로, 주자가 태어난 곳이다.

삼가 생각건대, 우리 조정은 도(道)로 나라를 다스려 성왕(聖王)이 이어지며, 교화가 아름답게 밝아지고 진유(眞儒)가 배출되어 도학이 크게 밝혀졌으며, 제도와 전장(典章)은 한결같이 중국을 모방하여 제사를 명하는 법도와 선비를 양성하는 규정이 찬연히 크게 갖추어져 있습니다. 서원의 발흥은 영남에서 시작되어 팔도에 두루 퍼졌는데, 여기서 존숭하여 제사를 드리는 대상은 모두 사직(社稷) 대신과 존경받는 유학자였고, 충성으로 절의를 지켜 순국한 선비들과 풍교와 절의가 세인들을 면려하는 모범이 되었던 이들도 있습니다. 후세에 남긴 은택이 그 기간이 오래고 짧은 차이와 사람들에게 미친 공리(功利)에 깊고 얕음의 차이가 있긴 해도 이들 모두는 후학들이 공경하여 높이 받들어야 하고 조정에서 특별히 표창해야 하는 사람들입니다. 그러므로 특별히 명하여 사당을 세우기도 하고 사림의 간청에 따라 제사를 받들게도 하며, 사사로이 제사를 올려도 금하지를 않았습니다. 그래서 공헌(恭憲)[104] 대왕의 태평성대로부터 선조·인조·효종·현종 대왕의 대를 거치면서 풍교가 사방에 미쳐 안으로는 경기로부터 밖으로는 해변 지역에 이르기까지 학교가 없는 곳이 없었습니다. 수백 년 동안 시골의 선비들이 각각 존경하는 이들을 두어 각기 그 원류(源流)를 기술하고는 있으나 본령(本領)은 한결같이 모두가 유문(儒門)으로 귀의하고 있는데, 이들이 높여 받드는 것은 염락관민의 학문이며, 익히는 것은 도덕과 인의(仁義)의 학설입니다. 따라서 그릇된 도와 이단의 설이 젖어들 단초가 없었으니, 이 어찌 서원이 흥기하는 방도는 모두가 정해진 법이 있기에 그렇게 된 것이 아니겠습니까.

또한 영남을 두고 말하면, 이 대동(大東)의 나라가 아름답고 밝은 시절을 맞이하여 세상에 이름난 어진 선비들이 국운에 응하여 일어났습니다. 전조(前朝)에서 문묘에 합사된 사현(四賢)[105]과 본조(本朝)에서 도를 창도

---

104 공헌(恭憲) : 조선 13대 국왕 명종(明宗)을 지칭하며, 공헌은 명종의 시호이다.

했던 뭇 현철(賢哲)들은 모두 한 도 안에서 특출 난 이들이라 우리나라의 추로지향이라 하여 나라 전체에서 중시하고 있습니다. 서원을 세우고 가르침을 펴는 법은 실제로 선사(先師)인 문순공(文純公) 신 이황(李滉)이 제정한 것입니다. 이에 뭇 고을들이 이를 모방해 행하여 구역의 구분에 따라 모두 이들을 높이어 제사를 받드는 지역이 있고, 교화가 파급되면서 모두 이를 장려하는 법에 힘입어 이들을 표창하는 은총이 대를 지날수록 더욱 융성해졌는데도 역시 사람이 간청한 바에 미치지 못하는 곳이 있었습니다. 그래서 스스로 제사를 올리는 곳은 그 제반 법식과 예우의 정도가 이를 갖추거나 간소히 하는 등의 차이가 있긴 해도 풍교에 보탬이 되는 바가 있었다는 점에서는 실로 차이가 없습니다. 그래서 유로(遺老)와 숙사(宿師)가 가르치는 것과 신진과 후생들이 강송하며 본받는 것은 필히 여기서 보고 느끼게 되는 법이니, 비록 이러한 영향이 끊어져 적막해진 시절이긴 하나 예제(禮制)와 문물이 아직도 증거를 삼을 만한 것이 있습니다. 또한 그 이른바 원규(院規)라는 것으로 근신하고 투박한 유법(遺法)을 지키고 질박한 구제(舊制)를 지켜 왔습니다. 그래서 서원에 들어와 있는 선비들이 비록 옛적에 명예로운 지위에 선발된 이들에 비할 바는 못된다 하더라도 거의 대다수는 시골 마을에서 자신의 지조를 지키는 선비들이니, 어찌 폐해를 조장하며 해를 끼치는 단초가 있다고 할 수가 있겠습니까.

아, 훌륭하신 우리 정종(正宗) 대왕께서 영남을 칭찬하여 내리신 교지에 이르시기를, "산수(山水) 사이 향리에 글 읽는 소리가 연이어 들리니 집집마다 시(詩)와 예(禮)를 익히고 사람마다 정자(程子)와 주자(朱子) 같도다."고 하셨습니다. 또한 사교(邪敎)가 유독 영남에만 물들지 않았다 하여 친히 글을 지으시어 선정들의 사당에 치제(致祭)[106]하게 하시고 어제

---

105 사현(四賢) : 신라의 설총과 최치원, 고려의 안향과 정몽주를 가리킨다.

정조-홍재전서(출처-국가유산청)

(御題)를 내려 선비를 등용하는 과거[107]를 특별히 시행하셨습니다. 선왕
의 뜻이 이처럼 간절했던 것은 진실로 선현들이 깨우쳐 인도한 공적이
아직도 후세에 은택을 남기고 후인들을 권면했던 도리가 절로 올바른 방
책이 있기 때문입니다. 『시경』에 이르기를, "과오를 범치 않고 선왕의 법
을 잊지 아니하여 옛 법도를 따르도다.(不愆不忘 率由舊章)"라고 하였고,
전(傳)에는 이르기를, "어진 이를 가까이 하고 이로움을 즐거워하여 이

---

106 선정들의 사당에 치제(致祭) : 1792년(정조 16) 정조는 규장각 각신(閣臣) 이만수(李晩秀)를 영남
　　에 보내어 도산서원과 옥산서원을 치제하였다.

107 선비를 등용하는 과거 : 1792년(정조 16) 정조는 영남 남인을 대우하기 위해 도산서원(陶山書院)
　　에 치제하고, 이곳에서 별시를 거행하였다.

세상에 안 계셔도 잊지를 못한다.(親賢樂利 沒世不忘)"고 하였습니다. 전하께서 계승하신 것은 선왕께서 이루어 놓으신 법도이고, 신들이 받들어 지키는 것은 선왕께서 은혜로 마련해 주신 전범(典範)입니다.

법은 오래되면 폐해가 생기지 않음이 없게 마련이니, 변화에 따라 적절히 대처하는 것은 역시 시의에 따른 온당한 일입니다. 근래에 유풍(儒風)이 왕성하지 않아 세속은 퇴폐를 숭상하고 강습의 규범은 폐기되어 왕왕 한만하게 서로 왕래 교제하며 노닐기만 하고, 예양(禮讓)의 기풍은 더러 어그러져 오로지 시비만을 다투는 변론을 일삼고 있습니다. 이는 비단 유림의 식자들만 우려하고 탄식하는 일일 뿐만 아니라 성상께서도 당연히 경계하고 힘쓰셔야 할 일이기도 합니다. 이를 바로잡아 고치고 개혁하는 일에 어찌 방도가 없겠습니까. 그러나 이제 일체의 서원을 헐어 없애 소재가 망연해졌으니, 신 등은 자신을 살피고 반성함에 깊은 물에 임하고 나무 위에 앉은 듯 조심스럽기 그지없어 바야흐로 자책을 할 겨를조차도 없습니다. 다만 생각건대, 서원의 선비들에게 정말 폐해를 일으킨 단서가 있다면 이 죄는 유생들에게 있는 것이지 제사를 받드는 선현들에게 잘못이 있는 것이 아닙니다. 그런데 이제 유생들의 죄를 묻지 않고 먼저 중차대한 제사를 없애어 마치 죄가 사당과 서원에 있기라도 한 듯이 하는 것은 지나친 일이 아니겠습니까.

아, 이제 사우와 서원이 이미 철거되고 나니 향읍은 쓸쓸하여 글 읽는 소리는 적막하여 들리지를 않고, 읍양(揖讓)하는 모습은 한탄스럽게도 볼 수가 없습니다. 예기(禮器)와 학전(學田)은 관부에 몰입되어 팔려 나가고 성현의 경적(經籍)은 모두 민간으로 돌아가 폐기되었으니, 인문(人文)은 감감하게 막혀버리고 사기(士氣)는 황폐한 옛 터에서 꺾여 버렸습니다. 독법(讀法)에 규정은 있으나 의관을 갖춘 유생들이 단 한 자리나마 서열대로 앉을 곳이 없게 되고, 봄가을 두 정제(丁祭)[108]를 올릴 때가 되어도 과일 한 접시나마 올려 정성을 펼 수가 없게 되었습니다. 볼 수 있는 것은 오직 부서진 자갈과 헐어 없어지고 남은 주춧돌에 무성한 잡초와 쓸쓸한 안개뿐이라 보기에 참담하고 상심만 될 따름이니, 이 어찌 태평한 세상의 훌륭한 기상이라 할 수가 있겠습니까. 귀신과 사람이 제 자리를 잃어 울적한 심정이 화기(和氣)를 해치니, 수재와 가뭄 및 전염병도 이에 감응하여 야기되는 이치가 있을 것입니다. 신들은 감히 우러러 하늘의 뜻에 이를 물어볼 수는 없으나 오늘날 이러한 사리에 어긋난 현상이 없다고 할 수는 없으니, 어찌 더욱 두려운 일이 아닐 수 있겠습니까.

그렇긴 해도 천도는 십 년에 한 번 변하고, 인정은 답답함이 오래가면 반드시 풀리게 마련입니다. 이제 전하께서는 과감하게 결단을 내려 속히 내리신 명을 거두고 진정 측은히 여기는 교지를 내려 서원을 복구해 설립하라는 명을 펼치시어, 옛 터에 건물을 다시 세우고 선현들에게 제기를 넣어놓고 제사하게 하여 우리의 삼백 년 예의와 문물을 다시 회복하는 성교(聖敎)를 내려주소서. 그렇게 해 주신다면 옛 법도로 옮겨 가는 사이에 왕의 교화는 바람처럼 시행되고 잠깐 사이에 세인들은 마음으로 뇌성(雷聲)처럼 환호하여 만세토록 태평으로 인도할 성상의 아름다운 정치를 눈을 비비며 볼 수 있게 될 것입니다. 신들도 마땅히 마음과 생각을 씻어내어 새로이 하고, 옛 것을 고치고 새 것을 도모하여 유자의 관을 쓰고 유궁(儒宮)에 들어가 유가의 도리에 힘쓰고 유가의 행실을 돈독히 하여 대성인(大聖人)이 내리신 하늘같이 그지없는 큰 은혜에 보답할 것입니다. 신들은 참람하고 두렵고 몹시도 간절히 바라는 마음을 가누지 못해 삼가 죽음을 무릅쓰고 아룁니다.

상소문을 보시고 비답하시기를, "소장을 보고 잘 알았다. 이것이 어찌

---

108 정제(丁祭) : 서원에서 봄과 가을에 거행하는 향사(享祀)를 뜻한다. 서원에 따라 음력 2월과 8월, 또는 3월과 9월의 정일(丁日)에 향사를 지낸다.

서둘러 논의할 일이겠느냐. 그대들은 물러나 학업을 닦도록 하라."고 하였다.[109]

疏本 西谷頤齊

伏以臣等 俱以草野賤品 名係儒籍 所誦習者儒教也 所尊慕者儒賢也 所依歸者儒宮也 先王之所以建學造士陶鑄治化者 卽是具也 先正之所以倡規設教啓牖後人者 卽是道也 後學之所以奉承先師之教而自勉於莊修講誦之業 以爲王國賓興之本者 卽是物也 外此無他術也 世級漸降 風教寢微 俗學末藝 雖未能一遵古制 而尙可以從事於鄕序黨庠之間 服儒服而行儒行 是臣等之職分然耳 方今聖明在上 治教隆洽 其勵世磨鈍之方 日有望於崇道作人之化 而乃者我殿下慮末俗之滋弊 懲濫祀之猥瀆 申降嚴旨 一幷毀撤 固知聖意周詳 損益因時 有此不得已之處分 然竊伏惟念列聖之所以尊尙先賢 命祀典而釋牲幣也 如是其至隆 勸獎髦士 頒經籍而廩學田也 如是其至厚 而今乃一朝而遂廢 使屢世虔奉之靈 無所棲託 匹域冠衿之流 無所遊息 則吾道之正脈 墜矣 國家之元氣 索矣臣等聚首驚懍 出入傷慽 而第觀天道之霜雪雨露 無非教也 闔闢有漸 變通有時無往而不復者 乃自然之常理 故頃於辛未夏 嘗一冒昧號籲 冀撤宸旒 而天門嚴邃 微悃莫暴 荏苒而遂止者 已有年于兹矣 臣等敢謂朝家之爲此擧也 豈不以爲鐲弊警頹之方 而卽此十年之間 未見其驗 無補於公家 無益於生民 以至軍府之用 鄕邑之政 無一便宜 而日見風俗壞敗 名教紊亂 蕩然無復維持防範之道 學政之關於治化 不待久遠而斯可以立見矣 臣等 抱積鬱之忱 懷莫訴之恨 前日周旋於樽俎禮法之地者 老者已死 存者已老 將至於日遠而月忘 故兹敢千里進前請一言而死 惟殿下 留神澄省焉 臣等 伏見當日判下曰 三代之時 未有書院 夫書院之名 雖出於後世 而其制則實出於三代隆盛 有郊野小學之宮 有黨家庠塾之規 而其祭法曰法施於民則祀之 以死勤事則祀之 以勞定國則祀之 能捍大難則祀之 能禦大菑則祀之 樂祖瞽宗之祭 不徒太學爲然 而里塾之左右師 莫不受其氣類之享 所謂鄕先生歿而祭於祀者是也 降自漢唐 祭儀益備 考諸圖誌 班班可見 而逮夫有宋之肇興也 丁一治之會 因南唐之舊 而爲書院尊祀先賢之制 名臣碩儒之可爲師表者 所在立祠 至濂洛關閩傳道之大賢 則無邑無祠 或一邑累

109 이때 상소문과 비답은 『승정원일기』 2846책 고종 15년 1월 25일 기사에 수록되어 있다.

設 如建寧之有朱子兩書院 而竝皆欽降祝文 著爲令式 至于皇明 尤有盛焉 表
表見於一統志者是矣 洪惟我國朝 以道爲治 聖神相繼 敎化休明 眞儒輩出 道
術丕闡 制度典章 一倣中華 而命祀之典 造士之規 燦然大備 書院之興 始於嶺
南 遍於八域 而其所以尊祀者 皆社稷之元臣 儒林之宗師 亦有忠烈殉國之士
風節勵世之倫 雖流澤之垂世有久近 功利之及人有淺深 而皆后學之所當欽崇
朝家之所當褒異者也 故或特命立祠 或因士林陳請 或私自腏享而不之禁 自恭
憲盛際 歷宣仁孝顯之世 風敎四達 內自畿甸 外薄海堧 莫不有學 數百年間 雖
鄕曲之士 各有尊尙 各述源流 而其本領則一皆依歸於儒門 所宗者濂洛關閩之
學也 所習者道德仁義之說也 無有左道異說浸淫之端 則斯豈非書院作興之方
皆有成法而然耶 且以嶺南而言之 當大東休明之會 而名世之賢 應運而作 前朝
隋廡之四賢 本朝倡道之群哲 皆環一道而挺生焉 以鄒魯之稱 重於一國 而其建
院設敎之法 實先師文純公臣李〇所定也 列邑倣而行之 區域所分 皆有尊奉之
地 而敎化所及 竝被獎勵之典 表章之寵 歷世愈隆 亦有未及陳請而自爲腏享者
其品式禮數 備簡雖殊 而有補於風敎 則固無間矣 遺老宿師之所敎授 新進後生
之所誦法 必於是而觀感焉 雖此影響寢寂之日 而禮制文物 猶有可徵者 且其所
謂院規者 守謹拙之遺法 遵質朴之舊制 入院之生徒 雖非古者比之登瀛之選 而
類多鄕黨自好之士 則夫焉有滋弊眙害之端哉 猗歟盛哉 我正宗大王 褒美嶺南
之敎曰 湖山鄕社之間 講誦相聞 家家詩禮 人人程朱 又以邪敎之獨不染於嶺南
親綴雲章 致侑先正之廟 賚降御題 特施賓興之典 聖意如是眷眷者 誠以先賢啓
迪之功 猶有遺澤 而后人風勵之道 自有其方故耳 詩曰 不愆不忘 率由舊章 傳
曰 親賢樂利 沒世不忘 殿下之所繼述者 先王之成憲也 臣等之所奉守者 先王
之寵典也 夫法無久而不廢者 變而通之 亦隨時之宜也 近來儒風不競 俗尙頹靡
講習之規寢弛 而往往爲閒漫之徵逐 禮讓之風或壞 而斷斷爲是非之爭辯 是不
但儒林有識之所憂嘆 而亦聖主所當警勵者也 其矯革更張 豈無其道 而今乃至
於一切毀掃 所在蕩然 臣等捫己循省 臨淵集木 方自訟自咎之不暇 而第以爲書
院之士 果有生弊之端 則是罪在於儒生也 其所祀之先賢 非有過也 而今不問儒
生之罪 先去秩祀之重 有若罪在於祠院者 無乃過歟 於乎 卽今祠院旣掇 鄕邑
蕭條 絃誦之聲 寂然無聞 揖讓之容 悵之莫見 禮器學田 沒爲公府之鬻賣 聖經
賢籍 倂歸坊曲之抛棄 人文入於晦塞 士氣折於邱墟 讀法有規 而衣冠無一席之
序坐 兩丁時至 而荔蕉無一豆之伸誠 所可見者 惟敗礫殘礎 茂草寒煙 慘目而

傷心而已 此豈治世之好氣像耶 神人失所 幽鬱干和 水旱疾疫 亦有感召之理
臣等 雖未敢仰質玄造 而不可謂今日之無其兆也 尤不亦懍懍矣乎 雖然 天道十
年而一變 人情久盃而必伸 今如蒙殿下廓揮乾剛 亟賜反汗 下懇惻之敎 申復設
之令 使之立棟宇於遺墟 陳俎豆於先賢 重返我三百年禮義文物之聖敎 則轉移
之間 王化風行 指顧之中 衆志雷歡 聖朝太平萬世之休治 可拭目而睹也 臣等
亦當洗心滌慮 改舊圖新 冠儒冠而入儒宮 勖儒術而敦儒行 以報答大聖人與天
無極之洪造也 臣等 無任僭越戰兢激切祈懇之至 謹昧死以聞 登徹 批曰 省疏
具悉 此豈遽爲之事乎 爾等退修學業

금곡(金谷) 수위(首位)의 소초(疏草)

　삼가 아룁니다. 제왕이 사람의 표준을 세워서 천하를 다스림에 우리 유가의 도를 정맥(正脈)으로 삼고 많은 선비를 원기(元氣)로 삼았습니다. 정맥이 쇠미해지면 예악이 일어나지 않고, 원기가 손상되어 약해지면 강상은 베풀어지지 않나니 옛날부터 지금까지 그 형세가 그러했습니다.

　삼가 생각건대, 우리 국가는 어진 이를 숭상하고 도(道)를 중시하여 사전(祀典)을 환하게 갖추고 선비와 유생을 만들어 의리를 배양하였는데, 어쩌다 우리 유학의 흥망에 따라 조정의 정사에 빠뜨리고 실수하는 일이 있으면 위로는 태학의 생도들로부터 아래로는 서원의 선비들에 이르기까지 깊은 속마음을 피력하여 극렬히 언급하며 과감히 논의하지 않는 이가 없었습니다. 그래서 우리 임금을 요순으로 인도하고, 안위(安危)에 대하여 대의를 거듭 밝혀서 한 임금이 아름다운 정치를 이루도록 보좌한 사람이 500년 동안 손가락으로 다 꼽을 수 없을 정도입니다. 때문에 나라의 형세는 이로 말미암아 더욱 공고해지고 정당한 논의는 이로 말미암아 더욱 분발하여 지금까지도 비루하게 아첨하는 풍속이 없어져 반석처럼 견고히 유지되고 있는 것입니다. 이것이 우리 동방의 예의와 문교가 천하에 중시되었던 까닭입니다.

　그런데 뜻하지 않게도 근래 유술(儒術)의 부침이 운수에 따라 달라지고 사기(士氣)의 좌절이 더욱 심해졌는데, 서원의 훼철하는 법령이 내려진 뒤로는 향읍(鄕邑)이 쓸쓸해지고 귀신과 사람 모두 참담하며 현사(賢師)의 신주는 먼지에 덮이고 읍양(揖讓)하던 유궁(儒宮)은 변하여 황무지가 되어, 열성조에서 내린 일월처럼 환하게 빛나던 문장과 하늘 높이 걸렸던 아름다운 편액이 하루아침에 부서진 주춧돌과 자갈 속에 파묻히는 지경에 이르렀습니다. 그러나 선비라는 자들은 임금께서 진노하는 것을 몹시 두려워하여 가만히 머뭇거리며 감히 이 일로 임금께 한 번 호소한

적도 없습니다.

아! 도(道)의 명맥이 이렇게까지 훼손되고 유학의 풍속이 이처럼 손상되는 것은 국가의 복이 아닙니다. 그래서 신들이 신미년(1871) 여름에 한 번 우매함을 무릅쓰고 호소하여 임금께서 아시기를 바랐었지만 대궐 문이 깊고도 아득하여 미천한 정성이 알려지지 못한 채 세월만 보내다가 끝내 거만둔 지가 벌써 7년이라는 오랜 세월이 되었습니다. 이것은 신들 자신을 위한 계책으로는 그나마 괜찮지만 선대의 성왕(聖王)들께서 배양하고 함양했던 지극한 은택에 있어서는 만고토록 개탄스럽고 애석한 공의(公議)입니다. 장차 어찌하겠습니까. 그래서 감히 다시 혈성(血誠)을 피력하여 천리 길을 달려와 한 번 말씀드리고 죽기를 청하니 전하께서 유념하고 살펴주시기를 바랍니다.

신들이 가만히 살펴보니, 서원의 명칭은 비록 후세에 나왔지만 그 제도는 실제 삼대(三代)의 성세에 시작되었습니다. 교야(郊野)에는 소학(小學)의 궁실이 있었고 당가(黨家)에는 상숙(庠塾)의 규모가 있었는데, 『예기』 제법(祭法)에 이르기를 "법을 백성에게 공정히 시행시킨 인물이라면 제사를 지내고, 죽음으로써 나라 일에 힘쓴 사람이라면 제사를 지내고, 고생하여 나라를 안정시킨 사람이라면 제사를 지내고, 능히 재앙을 막은 사람이라면 제사를 지내고, 능히 큰 환란을 막은 사람이라면 제사를 지낸다."고 하였습니다. 악조(樂祖)를 고종(瞽宗)에서 제사 지내는 것[110]은 태학(太學)에서 그렇게 했을 뿐만이 아니라 이숙(里塾)의 좌우 사(師)들도 그 같은 기류(氣類)들의 제향을 받지 않음이 없었으니, 이른바 "향선생(鄉先生)이 죽으면 사(社)에서 제사지낸다."고 한 것이 이런 것입니다. 한당(漢唐) 시대로 내려와서는 제의(祭儀)가 더욱 갖추어졌으니, 그림과 기록들

---

110 악조를…… 지내는 것 : 『주례』 「춘관(春官) 대사악(大司樂)」에 "도가 있고 덕이 있는 사람에게 가르치게 하고, 그가 죽으면 악조(樂祖)로 삼고 고종(瞽宗)에서 제사 지낸다

을 살펴보면 뚜렷이 알 수가 있습니다. 송(宋)이 비로소 개국하자 문운(文運)이 번창하는 시절을 만나 남당(南唐)의 옛 제도를 따라 서원에서 선현을 제사지내는 제도를 만들고 명신(名臣)과 석유(碩儒)가 있었던 곳에는 사(祠)를 세웠는데, 염락관민에서 도를 전한 대현들과 같은 경우에는 읍마다 사(祠)가 없는 곳이 없었고, 한 읍에 여러 개를 설치하는 경우도 있었으니, 건녕(建寧)에 주자(朱子)의 두 서원이 있는 경우[111]로 모두 공손히 축문을 내려 모범이 되도록 하였다. 황명(皇明)에 이르러서는 더욱 성대함이 있었으니 『일통지』에 뚜렷이 나타난 서원이 모두 340여 개나 됩니다. 그 중에 민중(閩中)의 학교를 기록한 것은 40보마다 하나의 상(庠)이 있고 50보마다 하나의 숙(塾)이 있었으니 그 당시 성대했던 문물을 이로 미루어 할 수가 있습니다. 그리고 우리 성조(聖朝)의 예악으로 다스림은 한결같이 중화(中華)를 따랐으니, 명종과 선조 때 이르러서는 훌륭한 성인이 이어서 배출되고 도술(道術)이 크게 밝아져서 서원의 교육이 크게 일어났는데도 인재가 흥기하지 못했습니다. 당시 원적(院籍)에 이름이 든 사람은 등영(登瀛)[112]에 선발된 인원에 비교될 정도로써 선현 이황이 말하기를, "은거하여 뜻을 구하는 선비와 도학을 강명하고 학업을 익히는 사람들이 조용히 천하의 의리를 두루 살피려고 했기 때문에 기꺼이 서원에 나아갔다."고 하였고, 또 말하기를, "우리 동방의 서원은 모두 교육의 이념을 넓히고 교화의 근원을 돈독히 하는 것으로 사당을 세워 선현을 제사하면 도를 숭상하고 사람다운 사람을 만드는 방책에 더욱 대비가 될 것입니다."라고 하였습니다. 대개 이로부터 인재가 일어나고 명

---

111 건녕(建寧)에…… 경우 : 건녕(建寧)은 중국 송나라 때 행정 구역인 건녕부(建寧府)를 뜻한다. 건녕부에는 주자를 제향하는 병산서원(屛山書院)과 담로서원(湛盧書院)이 있었다.

112 등영(登瀛) : 당나라 태종이 문학관(文學館)을 열어 방현령(房玄齡), 두여회(杜如晦) 등 18명을 뽑아 특별히 우대하고 번(番)을 셋으로 나누어 교대로 숙직하며 경전을 토론하게 하였는데, 이를 세상 사람들이 등영주(登瀛洲)라 하여 전설상 신선이 산다는 산인 영주(瀛洲)에 오르는 것에다 비겨 영광으로 여겼다.

교(名敎)가 부지되는 것이 하나라도 서원을 통해서 되지 않는 것이 없었습니다.

그리고 어쩌다 불행히도 국가에 위급한 일이 생기면 일시에 충성스럽고 뜻있는 선비가 각 서원에 통문을 보내 맨 먼저 기치(旗幟)를 들고 우선 학교 창고의 양식을 가져다 서원에 배분하여 함께 죽음을 다투는 전쟁터로 나아갔습니다. 그래서 그 약속이 실로 서원에 보관된 등록(謄錄)에 갖추어져 있어서 백세 뒤에도 살펴서 행할 수 있습니다. 이것 또한 삼대(三代) 학궁(學宮)에서 무예를 강마했던 뜻입니다. 이미 지나간 시대에 성인의 규범의 닦고 앞으로 다가올 세상에 백성들의 떳떳한 도리를 세워

하루라도 국가에서 폐할 수 없는 것이 저와 같은데, 세상의 수준이 점점 떨어져 세속에서는 더욱 문식(文飾)하는 일을 숭상하여 학규(學規)가 대부분 실추되는 지경에 이르자 함부로 설치하는 일이 더욱 흥행하여 오래될수록 더욱 폐단이 생겨나게 되었습니다. 진실로 또한 사정 상 벗어나지 못하는 것이었기 때문에 지난번 한두 사람 이 일을 의논하는 신하들이 비로소 서원의 설치를 금하는 논의를 일으켜 열성조에서 신중히 헤아려 논의를 정하였습니다. 숙종 갑오년(1714)에 바로 연한을 정하여 건설하지 말라는 명을 내렸고[113], 영조 신유년(1741)에 제한 없

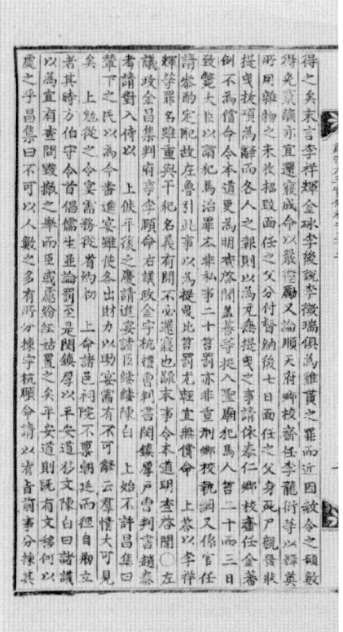

갑오정식-숙종 39년 9월 25일
(출처-한국사데이터베이스)

---

113 숙종 갑오년(1714)에…… 내렸고 : 1714년(숙종 40) 단행된 갑오정식(甲午定式)을 뜻한다. 당시

이 제향을 중지하라는 법령[114]이 있었습니다. 성인의 뜻은 단지 말세의 잘못을 구제하고 무너진 풍속을 경계하려고 한 것이었으니, 어찌 일찍이 대현(大賢)을 제사지내는 서원을 함께 언급한 것이겠습니까. 때문에 그 뒤에 거듭 살펴서 다시 회복하고 어떤 곳은 특별히 사액의 명을 내리기도 하셨으니, 후덕하신 뜻으로 은택을 베풀어 교화에 감화하였습니다. 정조께서는 영남에 대하여 더욱 지극히 돌봐주시며, 일찍이 말씀하시기를, "산수와 고을 사이 글 읽는 소리가 서로 들리니, 집집마다 시례(詩禮)를 읽고 사람마다 정주(程朱)를 섬긴다."고 하였고, 또 영남에서만 홀로 사교(邪教)에 물들지 않은 것으로 도산서원에 제전을 보내며 제문을 하사하고, 특별히 선비들에게 시험을 실시하여 은전을 내리셨으니 서원을 융성하게 표창한 것이 바로 어떠했습니까.

그러나 지금 각 도(道) 말류들의 폐단이 불어나 원초 건설한 서원까지 모두 훼철하고, 이렇게 크게 경장(更張)하여 크게 경동(警動)시키겠다는 처분을 내리셨으니, 신들은 명을 듣고 깊은 못 가와 쌓아놓은 나무더미 위에 앉은 것처럼 너무나 두려워 지금 스스로 살피고 스스로 탓하기에도 겨를이 없었습니다. 그러나 서원의 선비들 중에 과연 폐단을 일으키는 단초가 있다면 이는 죄가 유생에게 있는 것이지 제사를 받는 선현들에게 과오가 있는 것이 아닙니다. 그런데 지금 유생의 죄는 묻지 않고 먼저 제사를 지내는 법전을 먼저 없애 마치 죄가 사원(祠院)에 있는 것처럼 하니, 어찌 교왕과직(矯枉過直)[115]이 아니겠습니까. 그 당시 내리신 판결에 "문묘에서 종향(從享)하는 사람 이외에는 서원에서 제사하는 것을 모두 그만

정부는 1703년을 기준 이후 보고하지 않고 건립한 서원과 사우를 철폐하였다.

114 영조 신유년(1741)에…… 법령 : 당시 정부는 1714~1741년(영조 17)까지 첩설된 서원과 사우에 대한 철폐를 지시하였다.

115 교왕과직(矯枉過直) : 구부러진 것을 바로 잡으려다가 너무 곧게 한다는 말로, 곧 잘못된 것을 바로 잡으려다가 너무 지나치어 오히려 나쁘게 됨을 이른다.

두라.”고 하셨습니다. 무릇 성묘(聖廟)에서 제사의 은전을 받는 분은 세상에 둘도 없는 분들입니다. 그러나 혹 도(道)가 같고 덕(德)이 부합하여 서로 우열을 가리기 어려운 사람과 학문의 적통을 이어받아 후학을 계도한 사람이 있으니, 이런 분들은 선조(先朝) 때 누차 문묘 종사를 요청하였지만 미처 윤허를 받지 못한 사람들입니다. 비록 은전을 받는데 선후가 있겠지만 이미 덕업(德業)에는 차이는 없습니다. 그렇다면 조정에서 제사를 내리는 은전이 이렇게 해서는 분명히 마땅하지 않은 듯합니다.

또 “충의대절(忠義大節)은 융숭한 보답이 없을 수 없는 것이다.”고 하셨습니다. 무릇 충의로써 나라에 보답하는 일이 어찌 변란을 당하여 순국하는 것뿐이겠습니까. 국가의 사변은 또한 한둘이 아니니 근심과 위기는 복잡다단합니다. 혹 힘껏 사직을 부지하다가 궁벽한 곳으로 쫓겨나 죽은 사람도 있고, 임금의 뜻을 거스르며 조정에서 간쟁하다가 노여움을 사서 죽은 사람도 있으며, 혹 창의하여 위급한 일에 달려가 한 시대에 공로를 세운 자도 있고, 스스로 정절을 지켜 백세에 풍성을 수립한 사람도 있으니, 비록 성취한 바는 같지 않지만 탁월하게 빛나는 의열(義烈)은 똑같습니다. 그렇다면 조정에서 공경히 포상하는 은전이 이처럼 높고 낮은 차이가 있는 것은 마땅하지 않은데, 지금 사당에 제사를 지냄에 엄정히 구별한다는 뜻을 크게 게시하여 영남 71주를 보자면 단지 대여섯 고을만 남아 이 몇 곳의 사원(祠院) 외에는 모두 훼철하는 사원에 들어갔으니, 팔도를 통계해보면 모두 똑같은 사정입니다. 옛날 25가(家)마다 당서(黨序)를 두는 제도와 향선생(鄕先生)이 죽으면 사(社)에서 제사를 지내는 의리로 헤아려보아도 이미 같지 않은 상황인데, 하물며 삼대(三代) 성왕(聖王)의 다섯 등급 제사에 있어서도 결국 모두 없어지는 지경에 이르지 않겠습니까. 그런데 논하는 자들은 “이와 같이하면 폐단을 바로잡아 진작시킬 수 있다.”고 합니다. 그러나 진실로 바로잡아 진작시키고자 한다면 다만 하나의 유사(有司)의 일일 뿐이니, 어찌 반드시 근본을 영원히 다 없애

버린 이후에 선비의 습속이 바로잡아지며 풍속이 순수해질 수 있는 지경에 이르겠습니까. 설사 성과가 혹 그렇다 할지라도 이미 제사를 지내왔던 제현(諸賢)들과 많은 선비들을 가르치고 길러왔던 학궁(學宮)에 대해서 갑자기 경솔하게 논의할 수 없다는 것은 분명합니다. 게다가 백성을 편안하게 하고 국가를 이롭게 하는 일은 하나도 없이 다만 도를 해치고 화합을 구하는 일을 차마 볼 수가 있겠습니까. 나무꾼의 도끼소리가 요란하게 들리며 동우(棟宇)는 불타고 산은 무너져 나무와 돌, 기와와 벽돌들은 서리들이 마음대로 다 가져가고, 제기와 전토는 관리들이 마음대로 다 팔아치워서 남은 것들이 하나도 없습니다. 그리고 급기야 강당과 제단은 쓸어낸 듯 텅 비었고 책 읽는 소리도 이미 끊어졌으니, 무너진 벽과 담장에는 단지 새들만이 시끄럽게 지저귀고, 황폐해진 초석에는 차가운 달빛만이 처량히 비추고 있을 뿐입니다. 엄연히 영령이 깃드는 상설(象設)은 진흙과 풀 속에 파묻혀 영령이 의탁할 곳이 없고, 망연자실한 유생들도 물고기와 새가 놀라듯 흩어져 의지할 곳이 없습니다. 답답한 기운이 위로 하늘까지 달하고 통곡하는 소리가 빈 터에 가득하니, 안타깝게도 두려운 마음을 수습할 수가 없습니다. 비록 그렇지만 당시에 조정의 명령이 지엄하여 알릴 길이 없었습니다. 조야(朝野)에서 충성하고자 하는 사람들이 바른 말을 머금은 채 발언하지 않는다면 전하께서는 구중궁궐 깊은 곳에 계시니, 억만 백성들이 이렇게 하늘을 우러러도 고할 길이 없다는 것을 어찌 알겠습니까.

신들이 일찍이 지난 역사를 낱낱이 살펴보니, 추성(鄒聖)[116]이 장차 제향을 받지 못하게 되자 전당(錢唐)[117]이 진심으로 간언하여 그 명을 철회

---

116 추성 : 맹자를 말한다.

117 전당(錢唐) : 명나라 태조가 『맹자』의 글 가운데 있는 "신하가 임금 보기를 원수 같이 한다."라는 말을 못마땅하게 생각하여, 맹자의 위패를 문묘(文廟)에서 내치면서 맹자를 위하여 간(諫)하는 자가 있으면 활로 쏴 죽이라고 하였다. 형부 상서(刑部尙書) 전당(錢唐)이 가슴을 헤치고 나서며 "신이 맹자를 위하여 죽겠습니다."라고 하였다.

하였고, 학사(學舍)가 황무지가 되자 적포(翟酺)가 간언하여 예전대로 회복[118]하였습니다. 이것은 모두 힘껏 간언하여 바로잡아 임금을 감동시켜 되돌린 일로 천고의 역사에 빛나는 일입니다. 그러나 인수(仁壽)[119] 때 현학(縣學)을 폐지하고, 천계(天啓)[120] 때 서원을 훼철하자 당시 선비들은 간언을 회피하여 다시 복원을 요청했다는 내용이 역사에 보이지 않습니다. 대개 수대에 걸쳐 이미 그러했던 사실로 보자면 천하의 득실은 분명합니다. 신들은 성군의 시대에 생장하고 인화(仁化)에 목욕하여 인수(仁壽)와 천계(天啓) 때 아첨하던 선비를 따르고자 하지 않고, 오직 전당(錢塘)과 적포(翟酺)의 행적을 뒤따라 위로는 삼대를 계승하여 밝으신 덕을 백왕(百王)의 위에 드러내고자 하는 것입니다. 이것이 신들이 만 번 죽더라도 반드시 전하께 말씀드려야 하는 이유입니다. 그러나 이것은 신들의 말도 아니요, 나라 백성들의 말도 아니라, 바로 천하 만세에 통하는 말입니다.

삼가 바라건대, 전하께서는 분명히 나타나 있는 지나간 역사의 귀감을 깊이 생각하시고 긴축과 신장을 절절히 행하는 왕도를 빨리 베풀어주시어 이미 훼철되는 서원 가운데에서도 먼저 열성조에서 제사를 명했던 사액 서원과 저 온 나라에서 존경하는 명현(名賢)들에게 시행하소서. 진실로 그 공이 깊고 덕이 두터워 모두 집집마다 제사를 받드는 곳입니다. 그렇다면 비록 고을마다 존경하여 제사를 지내더라도 중첩하여 제향 한다는 혐의에 구애가 없을 터이니, 건녕부(建寧府)에 주자의 두 서원이 있는 선례와 같습니다. 이에 유사(有司)에게 빨리 복설하도록 명하시고, 제사를 지내고 예를 행하는 것과 같은 경우는 다시 감히 학전(學田)을 받고 원정(院丁)을 갖추는 일을 위로 국고에 요청하지 않을 것이고, 신들은 마

---

118 학사(學舍)······ 회복 : 본 내용은 『후한서(後漢書)』 「적포전(翟酺傳)」에 보인다.
119 인수(仁壽) : 수나라 문제(文帝)의 연호이다.
120 천계(天啓) : 명나라 희종(熹宗), 즉 천계는 희종의 연호이다.

땅히 각자 사비를 마련하여 일제히 가동(家僮)들을 거느리고 가서 정성을 다해 보답하는 제사를 올릴 것입니다. 그렇게 하는 까닭은, 대개 신명이 깃들 곳 없이 서성이는 상황이 이미 지극하고 예로 받드는 정갈한 제사가 시급하니, 정성스러운 제수로 신명께 제사를 올리고 예를 익히는 자리를 짧은 기간에 쉽게 완성하여 단지 죽기 전에 선왕의 예의와 많은 선비들의 읍양(揖讓)을 다시 보기를 바라기 때문입니다.

거듭 바라건대, 성명께서 특별히 이 상소에 비답을 내리시어 조정의 의론을 널리 수습하고 성대한 은전을 내려주시고, 정맥(正脈)을 다시 왕성하게 하고 원기(元氣)를 다시 장대하게 하여 이로써 우리 만억 년 영원토록 국가의 운세를 하늘에 기원하는 터전으로 삼는다면 우리의 도(道)에도 몹시 다행한 일이 될 것이요, 국가에도 몹시 다행한 일이 될 것입니다. 신들은 분수도 잊은 채 전전긍긍 두려워하며 몹시도 간절히 바라는 마음 가눌 길 없어 삼가 죽음을 무릅쓰고 아룁니다.

金谷首位草

伏以帝王之立人極而御區宇 以吾道爲正脈 而多士爲元氣 正脈衰微 則禮樂不興 元氣削弱 則綱維不張 自古及今 其勢然也 恭惟我國家 崇賢重道 光秩祀典 作士興儒 培養義理 其或斯文有興喪 朝政有闕失 則上自太學之生徒 下至書院之章甫 莫不披肝瀝膽 極言敢論 引吾君於堯舜 申大義於安危 以佐成一王之休治者 五百年間 指不勝僂 故國勢由是而益鞏 正論由是而益舊 至今無淟涊澆婀之風 有維持磐泰之固 此吾東禮義文教之所以重於天下也 不意邇者 儒術之陞降有數 士氣之摧折滋甚 自夫毀撤書院令甲之后 鄉邑蕭條 神人慘憺 賢師之神板掩座塵 壞揖讓之儒宮變成墟莽 以至列聖朝炳朗日月之寵章 軒揭宇宙之璿扁 一朝湮沒於殘礎敗礫之中 而爲士者 乃嚴畏雷霆 泯然徊徨 曾未敢以此一聞于黈纊之下 於乎 道脈之虧傷至此 而儒風之沮損若是者 非國家之福也 所以臣等於辛未夏 嘗一冒昧號籲 冀徹宸嚴 而天門邃邈 微忱莫暴 荏苒而逡止者 已至七年之久 是於臣等之自謀則得矣 而獨於先聖王培植涵濡之至澤 亘萬古慨惜咨嗟之公議 將何以哉 敢復瀝血裹足 千里進前 請一言而死 惟殿下 留神澄

省焉 臣等 竊觀書院之名 雖出於後世 而其制則實始於三代之盛際 有郊野小學
之宮 有黨家庠塾之規 而其祭法曰法施於民則祀之 以死勤事則祀之 以勞定國
則祀之 能禦大菑則祀之 能捍大患則祀之 樂祖瞽宗之祭 不獨太學爲然 里塾之
左右師 莫不受其氣類之享 所謂鄉先生歿而可祭於社者 是也 降自漢唐 祭儀益
備 考諸圖誌 班班可見 而逮夫有宋之肇興也 適當奎聚之運 因南唐之舊 而爲
書院尊祀先賢之制 名臣碩儒 所在立祠 至濂洛關閩傳道之大賢 則無邑無祠 或
一邑屢設 如建寧之有朱子兩書院 而竝皆欽降祝文 著爲令式 至于皇明 尤有盛
焉 表表見於一統志者 凡三百四十餘院 而其記閭中之學 則千步一庠 五步一塾
其時雍雍文物之盛 可以推知 而聖朝禮樂之治 一遵中華 洎我明宣之世 則上聖
繼作道術大明 書院之敎 蔚然而不興矣 當時之入於院籍者 比之登瀛之選 而先
正臣李○之言曰 隱居求志之士 講道頴葉之倫 靜而關天下之義理 故樂就於書
院 又曰 我東書院 皆所以廣敎思敦化原 而立廟以祀先賢 則於崇道作人之方
尤爲備也 蓋自是人才之作興 名敎之扶植 無一不由於書院 而或不幸有國家之
緩急 則一時忠志之士 文諭各院 首擧義旗 爲先取糧於學廩 排部於院門 爲駢
首爭死之地 擧而其約束 實具於院藏之謄錄 百世之下 可按而行之 此亦三代學
宮講武之遺意也 夫所以修聖範於旣往 樹民彝於方來 不可一日廢於國家者如
彼 惟其世級漸降 俗尚彌文 學規多至於墜墮 冒設滋興於艷效 久而生弊 固亦
事勢之所不免也 故向者一二議事之臣 始有書院設禁之論 而列聖難愼犓酌商
定 肅廟甲午 乃有限年勿建之成命 英廟辛酉 冒限撤享之申令 聖人之意 只欲
捄末失而警頹風也 何賞倂及於大賢當祀之書院哉 故其後也 申省還復 或特命
宣額 德意天涵 敎化風動 而若正廟之於嶺南 則眷顧尤至 嘗敎曰 湖山鄉社之
間 講誦相聞 家家詩禮 人人程朱 又以邪敎之獨不染於嶺南 致有陶山 賚降御
題 特施以試士 賓興之寵典 其所以表章書院之隆 乃爲何如 而今因各道末流之
滋弊 竝撤原初建設之書院 爲此大更張大警動之處分 臣等聞命惶越 臨淵集木
方省自咎之不暇 而第以爲書院之士 果有生弊之端 則是罪在於儒生也 其所
祀之先賢 非有過也 而今不問儒生之罪 先去秩祀之重 有若罪在於祠院者 無乃
矯枉之過直乎 其時判下有曰 文廟從享之外 竝爲撤享 夫聖廟胈食之典 曠世一
有 而其或有道同德合 相爲伯仲者 嫡傳承受 啓佑后學者 先朝時屢請隮廡 而
末及蒙允者 雖有崇報之後先 而旣無德業之差殊 則朝家禮祀之秩 恐不當若是
截然 又曰 忠義大節 不可無崇報之地 夫忠義報國 豈但爲當亂殉身哉 國家之

事 亦又不一 憂危多端 或有力扶社稷 身竄窮荒而死者 犯顔廷爭 手觸雷霆而
死者 或有倡義赴急 著勞績於一代者 抱節自靖 樹風聲於百世者 雖有所就之
不同 而勻爲義烈之卓犖 則朝家欽褒之典 又不宜若是低昂 而今於廟儀之下 太
示揀別之嚴 觀於嶺以南七十一州之中 只存五六邑 若而祠院之外 竝歸毀撤 而
通計八路 一體同然 揆以古者二十五家黨庠之制 鄉先生歿而祭於社之義 已爲
不侔 而況於三代聖王 五等祭法之祀 果不至於十分曠缺歟 論者以爲如此則可
以矯捄而振作 然苟欲矯捄而振作 直一有司之事耳 奚至於必爲盡撤 永絶根本
而后 士習可正風俗可淳哉 設使成效之或然 其於已上當祀之群靈 多士敎養之
學宮 有不可遽然輕議也 審矣 況乎無一事便民而利國 適足以傷道而干和忍見
樵斧雷轟而電掣 棟宇灰劃而山摧 木石瓦甄 暴殄於胥隸之橫挐 簠簋土田 沒入
於道臣之攘賣 尺寸無餘 錙銖罔遺 而及其堂壇如掃 絃誦旣絶 則敗壁頹垣 但
聞鳥雀之鳴 廢苑荒礎 惟有寒月之淒涼 儼然象設之英靈 泥埋草沒而無所棲寄
悵乎如失之儒冠 魚駭鳥散而無地依歸 幽鬱之氣 上薄玄造 哭泣之聲 遍滿墟里
吁亦凜凜乎莫可收拾矣 雖然 當是時也 朝令至嚴 登聞罔階 朝野願忠之危言含
茹而未發 則殿下深居九重 何以知萬億人仰天無告之至此哉 臣等嘗歷考前史
鄒聖之將撤享 則錢塘坦胸而反汗 學舍之爲鞠茂 則翟酺陳諫而復舊 是皆極言
匡救 感回君聽 以光千古之簡冊 而獨仁壽之廢縣學 天啓之撤書院 則當世之士
以言爲諱 還復之請 於史無見 蓋卽此數代已然之故 而天下之得失著矣 臣等生
長聖代 沐浴仁化 不欲效仁壽天啓依阿之士 而惟願追武錢塘 上述三代 章睿德
於百王之上 此臣等所以冒萬死而必言于殿下者也 然此非臣等之言也 非國人
之言也 乃天下萬世之言也 伏惟殿下 深惟往鑑之著明 亟施王道之弛張 就其書
院已撤之中 而首擧列聖命祀之額院 與夫一國尊尙之名賢 苟其功深德厚 合爲
家侑而戶祝者 則雖邑邑尊祀 無拘疊享 如建寧府朱子兩書院已例 爰命有司亟
令復設 而至若將祀而行禮 則更不敢上干公家受學結而備院丁也 臣等 當各辦
私需 齊率家僮 以自盡報享之誠懇而已 所以然者 蓋由神理之棲遑已極 禮奉之
精禋時急 澗蘋沼毛 可薦於神明 茅茨綿蕝 易就於時月 祗於未死之前 冀復見
先王之禮義 多士之揖讓故也 申乞聖明 特下此章 廣收廷議 克擧盛典 使正脈
重旺 元氣復壯 以基我萬億年祈天永命之本 則吾道幸甚 國家幸甚 臣等 無任
僭越戰兢激切祈懇之至 謹冒昧以聞

유곡 소수(疏首)의 단자

우러러 말씀드리오니, 도내 첨존(僉尊)께서는 살펴주십시오.

삼가 아룁니다. 저는 지위와 명망이 변변치 못하고 식견이 어둡고 어리석어 평소 스스로 기키는 것은 오직 분수를 헤아려 보잘 것 없는 자질만 기르고 지낼 뿐입니다. 게다가 허약한 체질로 평소 질병이 많아 조심히 스스로 조섭하면서 겨우 목숨만 보존한 채 이제 예순 남짓이나 되었지만 종전 유림의 공적인 모임에는 한 번도 몸소 그 자리에 참석하여 곁가지 논의마저 들은 적이 없습니다. 이 사정은 고을 여러 공들이 함께 알고 있는 것으로 단지 막다른 길목에서 융통성 없이 한 곳을 지키고 있는 행적만을 자임할 뿐, 일찍이 힘쓰기 어려운 일로 책임을 맡아본 적이 없습니다.

그러나 마침 사문(斯文)에서 소장(疏章)을 올리는 의리는 대론(大論)이 이미 진작되었는데, 이에 수임(首任)의 명분을 변변치 못한 저에게 잘못 맡기시니, 온통 놀란 마음에 몸 둘 바를 모르겠습니다. 이 수임(首任)이라는 것이 어떤 책임입니까. 스스로 명분을 평소 중히 여겨 뭇 사람들의 마음을 진정시킬 수 있는 사람이 아니면 감당할 수 있는 일이 아닙니다. 게다가 저는 나약하고 용렬함이 가장 하류에 있는 사람으로 언의(言議)는 서툴고 처사(處事)는 어둡습니다. 이것은 제가 스스로 분명히 알고 있을 뿐만이 아니라 또한 원근의 사람들도 익히 다 알고 있는 일입니다. 쇠로한 모습에 있어서도 너무도 쇠약하여 대여섯 해 동안 매번 심한 추위를 만날 때면 방구석 깊숙이 틀어박혀 감히 거리에 나가지도 못하였고, 거의 위독한 지경에 이른 것도 여러 차례였습니다. 지금 모이기로 약속한 날이 이미 임박했으나 심한 추위에 일을 마치고 돌아오는 것은 몇 달이 걸리는 일입니다. 병든 몸을 이끌고 억지로 가서 홀로 미천한 몸을 보존하기는 만무한 형편입니다. 만약 객사에서 쓰러지게 되면 제 한 몸의 낭

봉화 청암정(출처-국가유산청)

패로도 이미 말로 다 할 수가 없는데, 일행으로 간 제공(諸公)들의 걱정은
더욱 어떠하겠습니까.

무릇 지금의 거사는 우리 유림의 흥패가 달린 하나의 큰 모임입니다.
비록 벙어리와 귀머거리, 앉은뱅이라도 마땅히 용기를 내서 곧장 앞으로
나아가야 하지만 만일 질병과 우환으로 일을 흔들어 실패하는 단초를 만
든다면 본 일을 기한에 맞춰 성취하도록 하는 것은 또한 기약할 수가 없
습니다. 삼가 바라건대, 저의 이런 절박한 사정을 헤아려주시고, 노성한
제공들께서는 부디 운원(雲院)[121]의 회석(會席)에 참석하시어 다시 수임을
선출하여 제 분수를 지키게 해주시고 대사를 진작시킬 수 있도록 해주시
기를 천만 번 간절히 바랍니다. 제 진심을 말씀드리오니 첨존께서는 살
펴주소서. 삼가 말씀드립니다.

酉谷疏首單子
仰瀆 道內僉尊鑑 伏以生地望輕淺 見識迂邁 平日所自守者 惟量分養拙而已

---

121 운원(雲院) : 영주 소수서원(紹修書院)을 가리킨다. 소수서원은 처음 백운동서원(白雲洞書院)으로
건립되었는데, 소수서원으로 사액 받은 후에도 약칭으로 '운원'이라 불렸다.

重以脆薄之質 素多疾患 所以抱愼自攝 僅保軀命 今以六十餘歲矣 從前儒林公
會 一未得厠身其間 參聽餘論 此鄕隣諸公之所共知 而只以窮途守株之跡任之
未嘗以難强之事責之矣 屬玆斯文擧幡之義 大論已敦 乃以首任之名 謬屬無似
之身 滿心驚縮 措躬無地 此任何任也 自非名論素重 鎭服群情者 未已承當 而
況生之低屛闇劣 寂在人下 言議拙澁 處事迷方 不但生之自知其明 而抑亦遠邇
觀听之所厭薄 其衰邁之狀 凋落已甚 五六年來 每遇祈寒 龜縮室隩 不敢出閭
里 幾至危薄者 累矣 今約會之期已迫 觱寒竣事往返 動費數朔 曳疾强行 萬無
偏存微軀之勢 若致旅次僵踣 以一身顚沛 已無可言 而爲行中諸公之憂 尤何如
也 夫今日之擧 是吾林興替之一大會也 雖喑聾跛躄 所當勇意直前 而若有疾病
憂患撓敗之端 則本事之準期成就 又未可必 伏願僉尊 諒此節迫 老成諸公 幸
趁雲院會席 更爲薦出 以爲安私分敦大事之地 千萬情懇之至 言出悃愊 伏惟僉
尊鑑諒 謹控

유곡 소수(疏首)의 두 번째 단자

우러러 말씀드리오니, 첨존께서는 살펴주십시오.

삼가 아룁니다. 저는 지난번 단자를 올리고 자리를 면할 생각을 말씀 드렸지만 모임이 이미 끝난 뒤에는 교체를 도모할 길이 없습니다. 그리고 단자 한 장을 원근 첨존들께 돌려보도록 하는 것은 반드시 다 보지 못하는 염려가 있었기 때문에 형편상 말없이 가만히 오늘까지 기다리는 상황을 면치 못했습니다. 그러나 한번 추위가 심해지고부터 저의 병이 더욱 심해져서 인사를 모두 물리치고 문을 닫아걸고 살피지 않은 지가 벌써 수십 일이나 되었습니다. 지금은 배가 부어오르고 다리가 후들거리니 아마 위중해질 조짐인 듯하니, 병을 무릅쓰고 길에 오를 희망이 전혀 없습니다. 그리고 한편 스스로 생각해보면 내 자신의 연치에 유관(儒冠)이라는 것은 경중을 따질 것 없는 대수롭지 않은 일입니다. 외람되이 부질없는 직함으로 오랫동안 중책을 맡게 되면 이렇게 대론이 이미 진작된 이때 결국 넘어져 뒤따라가지도 못하는 처지가 되어 스스로 허물을 책망하며 송구하기 그지없을 것입니다. 삼가 바라건대, 첨존들께서는 간절한 저의 마음을 불쌍히 여기시어 빨리 체직시켜 내치시고, 아울러 태만히 일에 임하는 저의 죄를 꾸짖어 주소서. 천만 번 몹시도 바랍니다. 삼가 말씀드리오니, 첨존들께서 살펴주십시오.

再單

仰瀆僉尊鑑 伏以生於前日 爲呈單控免計 而詔會旣罷之後 圖替無地 一紙輪轉 遠邇僉尊 必有未盡照鑑之慮 故勢不免泯默待今日 而一自寒威漸劇 賤疾愈深 屏廢人事 杜戶不省者 已數旬矣 目今腹浮膝顫 似爲危惡之兆 力疾登途 萬無 其望 而旋自念身齒儒冠 無所輕重 猥以虛啣 久辱重任 當此大論已敦之日 竟 不得竭蹶追躡 自省咎責 悚仄無地 伏願僉尊 俯戀情懇 亟賜遞斥 幷責其臨事 逋慢之誅 千萬幸甚 謹控 僉尊鑑

유곡 소수(疏首)의 세 번째 단자

우러러 말씀드리오니, 첨존께서는 살펴주십시오.

삼가 아룁니다. 제가 병들어 일에 힘쓰기 어려운 상황은 이미 두 통의 단자를 통해서 잘 아실 것입니다. 사체(事體)로 보아 마땅히 몸소 찾아가 체직을 요청해야 하지만 막 병들어 방에 누워 움직일 수가 없고, 일사(一 舍)[122]의 짧은 거리도 스스로 힘을 내서 가지 못하는 형편이니 송구하여 몸 둘 바를 모르겠습니다. 삼가 바라건대, 이런 저의 사정을 헤아려 주시 고 특별히 체직해주시어 사사로운 저의 본분을 편안하게 해주시고 대사 를 잘 완수하소서. 천만 번 간절히 바랍니다.

> 三單
> 仰瀆 僉尊鑑 伏以生之疾病難强之狀 已悉於兩單 揆以事體 當躬晉請遞 而委
> 臥一室 不能動作一舍之地 亦無自力之勢 其爲惶蹙 無地自容 伏願諒此事勢
> 特賜鐫改 使私分得安而大事克完 千萬切懇之地

---

[122] 일사(一舍) : 30리를 뜻한다. 일사는 옛날 중국에서 군대의 하루 행군 거리이다.

하회 수장의(首掌議) 류도성(柳道性)의 단자

우러러 말씀드리오니, 첨존께서는 살펴주십시오.

삼가 아룁니다. 저의 우매하고 천박함은 사람들이 함께 아는 사실인데, 첨존들께서 그 진정과 실상을 잘 알지 못하고 수의(首議)로 잘못 의망(擬望)하셨으니, 많은 선비들의 마음을 하찮게 여기는 것일 뿐만이 아니라 스스로 돌아보아도 두렵고 부끄러워 감히 감당하지 못하는 일입니다. 가만히 생각건대, 서원을 복설함에 수의는 막중한 자리입니다. 우리 유림들 가운데 전체 영남 사람을 진정시킬 수 있는 노성하고 중망이 있는 사람을 선택해도 오히려 도성에서 보고 듣는 사람들에게 경시를 받고 금문(禁門)에서 소함(疏函)을 받들어 올릴 때 서툴게 될까 걱정입니다. 게다가 저와 같은 사람은 학식이 엉성하고 성품이 오활하며 언어가 서툴고 지려(知慮)가 얕아서 가장 하등에 있는 사람이니, 이런 사정을 본래 스스로도 분명히 알고 있습니다. 그리고 이미 스스로 속이고 남을 속이면서까지 뻔뻔히 무릅쓰고 나가지 못하는 데는 또 크게 절박한 사정이 있습니다. 노모의 연세가 팔순에 가까운데, 여름 동안 거듭 상사를 만나고부터 슬픔으로 건강을 해쳐 목숨을 겨우 보존하고 있습니다. 게다가 근래 다른 증세까지 더해서 자리에 누워 계십니다. 저는 달리 형제가 없고 비록 두세 명의 자질들이 있지만 모두 어려서 아무 것도 모릅니다. 봉양하는 일과 조리하는 방법도 전혀 모르는 상태이니, 저의 처신이 더욱 노모 곁을 떠나 멀리 달려갈 수 없는 사정입니다. 앞의 사정으로 말하자면 무릅쓰고 나아가기 어려운 실상이 있고, 뒤의 사정으로 말하자면 노모 곁을 떠나기 어려운 진정이 있습니다. 삼가 바라건대, 첨존께서 굽어 살펴주시어 빨리 저의 성명을 임록(任錄)에서 삭제해주셔서서 저의 사사로운 분수를 지킬 수 있도록 해주소서. 천만 번 몹시 바랍니다.

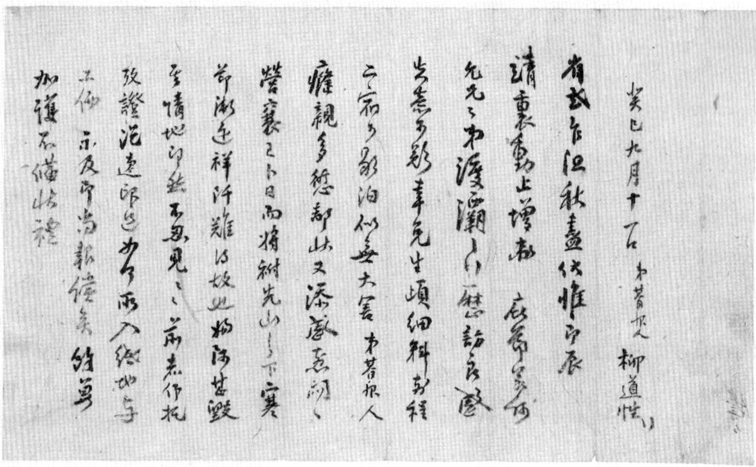

류도성 간찰(출처-소수박물관)

河回首掌議柳道性單子

仰瀆 僉尊鑑 伏以生之愚昧煎劣 人所共知 僉尊未燭其眞情實狀 誤擬首議 非徒厭薄多士之心 自顧惶恧不敢承當 竊念復設也 首議重任也 選擇吾林之老宿重望 可以壓伏全嶺者 猶恐見輕於國都瞻聆之地 取拙於禁門擊函之際 況若生者學識空疏 性炁迃滯 言語拙訥 知慮淺短 㝡出人下 固有自知之明 旣不可自欺欺人 顚然冒進 又有私情大節迫 老母年近八旬 自夏間荐遭以來 因疚致損 氣息奄奄 近添別症 委臥床茲 生無他兄弟 雖有數三子侄 皆穉年沒覺 攝養之節 調治之方 矇然不知 生之所處 尤不可離側走遠 由前言之 有難冒之實狀 由后言之 有難離之眞情 伏願僉尊俯賜諒察 亟刊生之姓名於任錄 俾安私分 千萬幸甚

금곡 소수(疏首)의 단자

우러러 말씀드리오니, 첨존께서는 살펴주십시오.

삼가 아룁니다. 저는 궁벽한 마을에 칩거하며 쇠로한 몸으로 누워서 지내다 보니 문 밖의 일은 전혀 알지 못합니다. 그런데 여러 군자들께서 이렇게 사문(斯文)이 거의 다 실추된 이때에도 오히려 밝은 하늘이 반드시 회복되기를 바라며 이미 일제히 모여 온 고을에 대의를 일으켜 기치를 들고 대궐에 호소할 계획을 하기에 이르렀다고 들었습니다. 수위 존형께서는 바로 온 도내 우리 유림의 명망이 있는 분으로 황송하고 감복하여 떠나는 날짜를 손으로 꼽으며 길을 나섰다는 좋은 소식을 기대했었는데, 지금 뜻밖에도 공교롭게 병을 조섭하는 상황이 되어 누차 단자를 올려 감당하지 못한다고 하시자 미천한 저를 위촉하는 상황이 되었습니다. 비록 그 일이 임박하여 되돌릴 길이 없어 부득이 매우 변변치 못한 저를 대신하도록 하는 상황이 되었다는 것을 알지만 사체는 큰데 사람은 경박하여 더없이 놀랍고 두렵습니다. 그래서 부끄럽게 승낙하여 보고 듣는 사람들에게 누를 끼칠 수가 없습니다. 그리고 이미 구구한 저의 사적 의리로 거듭 당신들과 인연을 맺은 이래 질병이 깊어져 날씨가 추워지면 병이 더 심해져서 이런 한겨울에 천리 길을 가는 것은 더욱 일의 형편상 할 수가 없으니, 사정이 실로 이와 같아 형식적으로 으레 사양을 하는 것이 아닙니다. 삼가 바라건대, 첨존께서 간곡히 고려하고 살펴서 빨리 교체해주시고 각별히 잘 선발하여 대사를 진작시키고 미천한 저의 본분을 편안하게 해주소서. 천만 번 몹시 바랍니다.

金谷疏首單子
仰瀆 僉尊鑑 伏以生跧伏窮巷 積衰頹闒 漫不省門外事 而猶聞僉君子 當此斯文幾墜之會 尚冀皓天必復之理 已至齊會 全省中發大議 爲擧幡叫閽之計 而首位尊兄 乃一道吾林之望 方爲竦動欽服 屈指行期 日跛登道之好音 而今不意巧

掣調將 屢奉單辭承乏之及 謬屬賤弊 雖知其事到機迫 無路旋轉 不得已致此萬
萬無似之忝代 而第以體大人輕 驚蹇靡容 不可靦然承膺 貽累觀聽 已是區區私
義重緣邇來 疾病沈淹 當寒益劇 際此隆冬 千里前進 尤事勢之所末由也 情實
如此 非出餙讓 伏願僉尊曲慮諒察 亟賜鐫遞 別加簡選 以敦大事 以安微分 千
萬幸甚

유곡(酉谷) 소수(疏首)가 소수서원 회중(會中)에 보낸 편지

일양(一陽)이 장차 회복되려고 하는 11월에 추위가 아직 몹시 심하지 않은데, 여러분들의 객지 체후가 모두 만중하실 것이라 생각합니다. 듣자하니, 먼 곳의 여러 군자들께서 대부분 험한 길을 건너 모임에 참석했다고 하니, 높이 보호하려는 정성이 저를 탄복하여 우러러 보게 하지만 저는 이렇게 병들어 칩거하고 있는 상황인지라 그 죄송하고 부끄러운 마음 마땅히 어떠하겠습니까. 우리 동방에 창설한 서원을 일제히 모여 일을 진작시키는 것은 바로 이른바 궁색하면 근본으로 돌아가 뒷날 창성할 조짐을 만든다는 것이니, 몹시도 바라는 일입니다.

저 연하(璉夏)는 줄곧 병들어 거동할 수 없는 상태로 성(成)과 박(朴) 두 형들께서도 보아서 아시는 일입니다. 그러나 멀리 있는 제공(諸公)들께서 이런 본인의 사정을 헤아리지 않으시니 혹여 의아하게 여기지 않겠습니까. 게다가 성대한 거사가 출발하려고 할 때 갑자기 한곳에서 신중히 하자는 논의가 제기되었는데, 이런 사실로 병으로 사정을 드린 사람이 도리어 남의 말에 좌우되는 것이 있는 듯하여 더욱 몹시도 송구합니다. 바로 그 자리에서 파록을 고치는 것과 서울에 들어가는 임직은 단지 첨존들께서 장점을 따라 처리하는 것에 달려있을 뿐, 갑자기 배척을 받은 사람이 시끄럽게 떠들 수 있는 일이 아닙니다. 오직 앞을 향해 곧장 나아가서 능히 대사를 진작시키는 것이 구구한 제가 손 모아 바라는 일일 뿐입니다.

이어서 생각건대, 쇠로하여 칩거하다 보니 일찍이 온 도내 현자들과 한분한분 대면하여 정담을 나눈 적이 없습니다. 부디 기회를 만나 뵙고 싶은 저의 바람을 이룰 수 있도록 해주시는 것이 저의 간절한 마음이었는데, 마침내 행차를 뒤따를 수가 없으니 진실로 궁색한 사람은 교제에 인연이 없나봅니다. 게다가 섣달 추위에 먼 길을 가는 행차를 몸소 길가에 나가 전별하지도 못하니 몹시도 슬픕니다. 이로써 미천한 저의 정성을 대신 전할 뿐입니다. 제소(製疏)는 공들께서 대부분 입수하여 돌려보았을 터인데, 받아서 보지 못한 것이 한스럽습니다. 구구한 저의 보잘것없는 식견으로 경솔히 소초(疏草)를 엮었으나 너무나 그 용도를 감당하지 못하는 글입니다. 게다가 그 사람을 교체하면 그 문장도 마땅히 배척을 받아야 할 것입니다. 이만하고, 오직 행차하시는 길 조심하시고 크게 신명의 도움을 받아 대사를 잘 마무리하시어 천만 번 지극히 바라는 저의 마음에 부응해주시기를 바랄 뿐입니다.

酉谷疏首 抵紹修會中書

一陽將復 寒威未甚峭 伏惟僉客履勻相萬重 聞遠路僉君子 多跋涉赴會 尊衛之誠 令人歎仰 似此病苦塊伏之跡 其罪愧當何如 吾東創設之院 齊會敎事 正所謂窮則反本而爲後昌之兆 深所企祝耳 璉夏 一味沈線 其不能動作之狀 成朴兩兄之所目睹 而遠外諸公 不諒本情 或不致訝否 且盛擧垂發之際 持重之論 猝發於一處 使此實故呈病之人 反若爲人言所輕重 尤切悚仄 其卽席改爬 與入京敦任 只在尊僉之從長區處 非遞斥者之所可容喙 惟向前直 遂克敦大事 是區區所拱祝耳 仍念垂老跧蟄 未嘗與一道僉賢 面面敍唔 因緣幸會 獲遂傾蓋之願 是私心所切切 而竟不得追躡行塵 信乎窮屋之無分於交際 且窮寒涉遠之行 未能躬餞道周 極又悵惘 玆以替布微忱耳 製疏 諸公必多入巡 而恨未奉閱 區區拙識 妄有搆草 而其不堪用甚矣 況其人替其文在所當斥耳 餘惟祝僉行李 愼重大護 神人扶護之力 克竣大事 以副下沈 千萬至祝

또 금곡(金谷) 소수(疏首)에게 보낸 편지

 가을 초에 찾아뵙고 쌓였던 회포를 풀다가 날이 저물어 길에서 헤어졌는데 아직도 서운하고 울적합니다. 게다가 이렇게 사문(斯文)에 일이 있고 보니 당신의 덕을 그리워하는 마음이 더욱 깊습니다. 방금 듣자하니, 여론의 촉망을 받아 중임(重任)이 당신께 귀결되었다고 하니 우리 유림에서 두려움 없이 과감히 호소하는 일은 문득 한층 더 빛날 것임을 알겠습니다. 아마 이 일은 마치 정해진 운명이 있는 듯하여 미천한 저로 하여금 병이 들어 우활한 자신을 생각해 양보하는 의리를 알 수 있도록 한 것이니, 진실로 스스로 다행임을 깨닫습니다. 한바탕 웃을 일입니다.

 가만히 생각건대 당신의 행차가 이미 도회에 참석했을 터이니, 체후가 더욱 만중하시기를 바랍니다. 가만히 엿보니, 쇠로한 연세에도 강건함은 평소 조용히 수양한 덕분입니다. 한창 추운 날씨에 먼 길을 떠나더라도 어찌 건강을 해칠 염려가 있겠습니까. 어진 영령들이 밝게 임해있고 스스로 부지하고 보호할 힘도 있을 터이니, 지난 날 형께서 저를 면려했던 방법으로 형께도 우러러 힘쓰시도록 할 뿐입니다.

 저는 겨울 초부터 숙병이 점점 고질병이 되어 배가 부어오르고 무릎이 떨리며 머리가 아프고 기침이 나서 한 달 동안 누워서 괴로워하니 아마 쉽게 나을 병은 아닌 듯합니다. 조물주가 남은 목숨을 빌려준 날도 이미 많은지라 다시 어찌 한탄하겠습니까. 오직 죽기 전에 우리의 도(道)가 다시 밝아지기를 온 마음으로 바랄 뿐입니다. 부디 형께서 한 시대 사람들의 바람을 스스로 힘쓰시어 이로부터 한번 일어나 대사를 잘 마무리하셔서 여기 칩거하고 있는 저의 벙어리와 귀머거리, 절름발이와 앉은뱅이 같은 기운을 용솟음치도록 해주시기를 천만 번 바랍니다. 이만하고 부디 여행길에 보중하시어 동지(同志)의 마음을 위로해주시기를 바랍니다. 예를 갖추지 못합니다.

又抵金谷首席書

秋抄歷訪 欣瀉積懷 而暮途奉別 尚爾恨黯 及玆斯文有事之日 戀德尤深 卽聞
輿望所屬 重任有歸 吾林明張之擧 頓覺一倍光鮮 豈此事若有陰隲 使輕淺者嬰
病 而自惟逗滯 能識禮讓之義 儘覺自幸 奉呵奉呵 竊想高駕已御 光臨道席 卽
惟體履 萬加崇相 竊覵衰力勁健 沖養有素 隆寒遠役 何慮乎嗇損 賢靈之昭布
森列 自有扶護之力 以向時兄之所以勉弟者 仰勉耳 弟自冬初 宿崇轉入沈綿
腹浮膝顫 頭疹氣喘 洽朔委苦 似非無妄之崇 造物之假殘生 亦已多矣 復何歎
恨 惟未死前 得見吾道之重明 是一念望幸者耳 願兄自勉一代瞻仰 自此一擧
幸克竣大事 使此跧伏者 聳得瘖聾跛躄之氣 千萬惟祝 餘行事保重 以慰同志之
懷 不備

금곡(金谷) 수석의 답서

지난번 하룻밤 정담을 나누어 여러 해 쌓였던 회포를 조금이나마 풀수가 있었습니다. 그런데 도회 날짜를 손꼽아보니, 차례가 이미 지나가 버린 터라 곧 당신의 행차가 자리에 임하여 소함(疏函)이 출발할 것이라 생각했습니다. 그러나 뜻밖에도 형께서 병 조섭에 실패하여 맡을 사람이 없어 변변치 못한 저를 잘못 위촉하는데 이르렀으니, 대사(大事)의 경중이 시각에 따라 변하여 몹시도 두려워 땀이 흐릅니다. 분수와 역량을 헤아려 보면 마땅히 이치상 면직해야 하지만 일의 기한이 임박하여 사임 단자를 돌려보내고 유생들이 누차 찾아와서 부득이 우매함도 잊은 채 병든 몸을 무릅쓰고 소수서원에 도착하였습니다. 그러자 조원(祖源) 상사(上舍)[123]가 소매 속에서 당신의 편지를 전하였는데, 하나하나 정성이 담긴 말씀이 직접 모습을 뵙고 많은 이야기를 나누는 것과 다름이 없었습니다. 비록 분수에 넘치는 행차에 부끄러운 마음이 심하지만 빈 전대에 공경히 새길 당신의 말씀을 가득 채워서 도성으로 가게 되었으니, 한결같이 감사한 마음 어찌 가눌 수 있겠습니까. 다만 알지 못하겠습니다. 그사이 병을 조섭하시는 체후는 차도가 어떠하신지요. 평소 조용히 수양하신 덕분에 아마도 갑자기 병이 나을 듯하니, 굳이 너무 염려할 필요는 없겠지만 회복했다는 소식을 듣기 전에는 구구한 저의 걱정되는 마음 어찌 잠시라도 놓을 수 있겠습니까.

저는 쇠병이 쌓인 상황에 갑자기 중임을 맡았으니, 바로 한 명의 난장이가 태산을 진 것과 같습니다. 밤낮 생각함에 단지 더욱 편치 않을 뿐입니다. 지난 번 형께 면려하도록 했던 말로 스스로 면려할 방책으로써 전혀 지키지 못하고 있으니, 남과 나 사이에 깨우쳐 주는 한마디 말은 쉽게

---

123 조원(祖源) 상사(上舍) : 권세연.

소수서원 강학당(출처-국가유산청)

하지 못하는 것임을 비로소 알았습니다. 믿는 바는, 오직 도내 제공들이
바로 전에 한번 실패한 나머지에 일을 맡은 터라 이로 인해 일이 잘 이
루어질 희망이 없지는 않기 때문에 이로써 몹시 위로가 됩니다.

작성해주신 소장(疏章) 원고는 체제가 원만하고 내용이 온화하여 이른
바 군자의 말은 성대하다는 것입니다. 다만 중간에 하나하나 서술한 곳
에 자못 내용을 끌면서 펼쳐나가는 점이 있기 때문에 조금 더 간결하게
조절하도록 요청을 드리고 싶었지만 길을 떠날 날이 임박하여 내용을 주
고받을 길이 없어 부득이 베낄 때 교감을 했습니다. 바로 만 칸의 큰 집
에 얽이가 이미 완성되었는데, 변변치 못한 목수가 경솔히 옮기는 것과
같아서 손가락을 다쳐 피가 흐를까[124] 몹시 두렵습니다. 때문에 한결같이
원고(原稿)를 따라 정돈했지만 조금 첨삭을 가하는 것을 면치 못했는데,

---

124 손가락을 다쳐 피가 흐를까 : 서툰 솜씨로 남의 글을 고치는 것을 이른다. 원문 '혈지(血指)'는 당
(唐)나라 한유(韓愈)의 「제유자후문(祭柳子厚文)」에 "다른 사람들은 나무를 잘 깎지 못하여 손가락
을 다쳐 피가 흐르고 얼굴에 땀을 뻘뻘 흘리는데, 뛰어난 장인은 도리어 소매 속에 손을 넣고 곁에
서 구경만 하고 있었다.[不善为斲 血指汗颜 巧匠傍觀 縮手袖間]"라고 한 데서 유래한 말이다.

외람되이 손을 댄 곳은 대개 한결같이 공의를 따라서 결정한 것입니다. 만일 다 읽어보신다면 마땅히 제가 우리 형을 위해 고심한 공력임을 아실 터이니, 지금 군이 하나하나 지적해서 말씀드릴 필요는 없습니다. 저의 초고(草稿) 초본(初本)은 다른 내용을 삽입함에 형의 말씀을 기다리지 않고 이미 별도로 엮었으나 모두 쓰임을 감당하지 못하는 글입니다. 형의 원고를 따라서 점검하여 결정하는 것은 조금 편리한 듯하지만 제작한 글을 바로잡는 것만 못하기 때문에 이미 변변치 못한 글로 남겨두었습니다. 헤아려주시는 것이 어떻겠습니까.

소함(疏函)을 봉행하는 날이 내일로 임박했지만 추위가 눈앞에 닥친 상황에 먼 길이 아득하기만 합니다. 쇠로하고 연약한 체질로 어떻게 잘 도착할지요. 이른바 스스로 한가한 곳에 처하며 남에게 출입하도록 하는 것이니, 평생 벗에게 유감이 없을 수 없습니다. 그냥 한바탕 웃자고 넘길 말입니다. 사문(斯文)에 일이 있는 경우 선사(先師)께 고유(告由)하는 것은 이미 옛 일에도 있었으니, 이곳에서 이 모임의 고유문(告由文)을 지어 행장을 꾸러 출발하는 것은 임의로 새롭게 만들어 할 일이 아닌 듯합니다. 게다가 보여주신 문자(文字)는 자못 정중하여 신명(神明)을 감동시키고 사기(士氣)를 배가시킬 수 있으니 더욱 위로가 됩니다. 수응하는 일이 극심하여 틈을 내편지를 올립니다. 천만 번 바라건대, 몸을 잘 조섭하여 빨리 병이 나으시어 천리 먼 곳에서 바라는 저의 마음에 부응해주소서. 예를 갖추지 못합니다.

金谷首席答書
向者一宿之款 略紓累年蘊積之抱 而屈指道會之期 次第已過 方謂華斾鼎臨 琅函垂發 而匪意兄體巧値失攝 承乏之及謬屬無似 大事輕重之時刻轉變 極切惶汗 揣分量力 理合鐫免 而事到期迫 單辭見還 章甫累臨 不得已冒昧强疾 前到紹院 則祖源上舍 袖致寵牋 累累悃愊之言 無異重奉色笑 許大討盡 雖其非分之行 愧甚垂槖之敬珮德音 將爲栖載而西矣 一味鏤感 曷任僕僕 第未審其間調候 加減何如 沖養有素 似出邂逅 不必過致憂慮 而未聞趁復之前 區區懸顒 何

可暫弛于中耶 弟積衰且病 逕荷重擔 直一憔僥之負岱岳 蚤夜思惟 祗益靡安而
已 萬無以彼時勉於兄者 持以自勉之策 始知人己間 未可容易下一轉語也 所恃
道內諸公 直前扛夯於一番摧敗之餘 因此克濟 不無其望 以是慰幸慰幸 盛製疏
藁 體裁圓滿 辭意醞藉 所謂君子之言藹如者也 但於中間歷叙處 似頗引而伸之
故欲請其稍加簡節 而行期陡迫 無路往復 不得已臨寫勘過 則正如萬間大廈 間
架已宛 區區拙匠之輕加轉動 深有血指之懼 故今一從原藁整頓 而其不免略加
添删 僭猥下手者 蓋一從公議而定也 如賜覽破 當知此弟之爲吾兄苦心效力 今
不必指一云云也 鄙草初本之挿入外料 不待盛教 已至別搆 而皆不堪用 其因兄
藁而點定者 似爲稍穩而終不如遳製 故已覆瓿矣 諒之如此奉函之行 迫在明日
而臂栗在前 長路漫漫 未知衰枏屪質 何以克抵 所謂自處閒地 敎人出來者 不
能無憾於平生故人 良呵良呵 斯文有事之告於先師 旣有故事 則於此地作此會
告由治發 似非義起 且所示文字 殊爲鄭重 有足以感徹神明 增倍士氣 尤可慰
也 酬應浩劇 俟隙作此 惟祈千萬善治 早收勿藥 以副千里之望 不備

또 하상(河上)에 보낸 편지

겨울이 이미 반이 지나 동짓달이 되었습니다. 여러분들 기거가 절서(節序)를 따라 편안하실 것이라 생각되니, 간절히 기원하는 마음 가누지 못하겠습니다. 저는 요사이 지독한 병을 겪고 난 뒤 더욱 쇠로해졌으니 스스로 가여울 뿐입니다.

도내에서 복원(復院) 소장(疏章)을 올리는 일은 이미 온 고을에서 일제히 모여 소함(疏函)을 봉할 날이 정해졌지만 뜻하지 않게도 수임(首任)이 실제 병으로 세 차례 단자를 올리고 체직되어 맡을 사람 없어 변변치 못한 저를 잘못 위촉하는 지경에 이르렀습니다. 저의 분수를 헤아려 봄에 면직시키는 것이 합당하지만 지금 사임 단자를 이미 돌려주었고, 유생들이 예로써 누차 초정하고 도내 유림들이 머문 지가 이미 오래되어 잠시도 지체하기 어려운 터라 몹시도 재촉하기 그지없습니다. 이것은 또한 일이 없는데 일을 만드는 것이니, 잘 처리할 방법을 알지 못해 부득이 내일이나 모레 사이 추위를 무릅쓰고 고개를 넘어 소수서원에 갈 생각입니다. 그러나 사체는 큰데 사람은 경솔하여 반드시 차질을 빚을 것인지라 장차 어떻게 일을 잘 처리할는지요. 바라는 바는 오직 외가는 본래 우리 영남의 종주대가(宗主大家)니, 이 사문(斯文)이 무너지고 사당이 폐허가 된 이때 혈성(血誠)을 다하여 한 세상에 대의를 펼쳐 많은 선비들의 이목을 감동시키는 것은 반드시 남들보다 만 배나 될 것입니다. 부디 지휘하시는 한마디 말씀을 내려주시어 이를 받들어 주선할 수 있도록 해주시는 것이 어떻겠습니까.

구구한 저는 어린 시절부터 벗으로서 제공들에게 사랑을 받아 일마다 서로 의지하고 의(義)를 보면 반드시 따라서 한 집안의 내외종(內外從)처럼 여기며 살아온 지가 또한 60년이나 되었습니다. 만일 이번 원행(遠行)에 같은 목소리로 함께 하여 도와주신다면 길을 잃은 사람이 받는 도움이라는 것이 어찌 용문산(龍門山) 위에 다시 하나의 큰 장성을 쌓는 것일 뿐이겠습니까. 한두 곳 모순되는 단초와 같은 경우는 이 일이 이미 온 나라 사람들의 대의와 관계되니 원래 경계도 없고 제한도 없어서 뜻하는 대로 각각 그 의리를 펼치면 됩니다. 비유하자면, 두 사람이 수레를 미는 것과 같아서 마음은 수레에만 있을 뿐이니, 같은 마음으로 함께 수레를 미는 자가 남과 나, 이곳과 저곳을 어찌 따지겠습니까. 구구한 저의 잘못된 고집은 단지 이것만 알 뿐이고 그밖에는 감히 알 바가 아닙니다. 여러분들의 뜻에는 과연 어떠한지 모르겠습니다. 정자(程子)가 말하기를, "텅 비어 하나의 털끝만큼도 사심이 없으면 천하가 한 집안이 되고 중국이 한사람이 되는 의사가 있는 것이다."고 했습니다. 우리들이 비록 빈궁하여 아래에 있는 처지나 장단을 따질 필요 없이 바로 원하는 바는 고인(古人)을 배우는 것입니다. 여러분들과 함께 끝까지 힘쓰기를 바라고, 또 깊이 헤아려 잘 마무리함에 의리를 헤아리고 경중을 따져 처리하기를 천만 번 바랍니다.

그러나 변변치 못한 저는 죽을 날이 임박하여 비록 전당(錢唐)[125]처럼 직간하다 화살을 맞을 용기는 없지만 난자(欒子)[126]의 죽음에 이르는 의리를 들었습니다. 화복(禍福)이 오는 것은 모두 운명에 달렸으니, 단지 조화옹(造化翁)[127]의 처분이면 충분할 뿐입니다. 작별에 임해 명하여 말씀드릴 바를 모르겠습니다. 부디 각자 잘 보중하시어 저의 바람에 부응해주시기를 바랍니다.

---

125 전당(錢唐) : 명나라 태조가 『맹자』의 글 가운데 있는 "신하가 임금 보기를 원수 같이 한다."라는 말을 못마땅하게 생각하여, 맹자의 위패를 문묘(文廟)에서 내치면서 맹자를 위하여 간(諫)하는 자가 있으면 활로 쏴 죽이라고 하였다. 형부상서(刑部尙書) 전당(錢唐)이 가슴을 헤치고 나서며 "신이 맹자를 위하여 죽겠습니다."라고 하였다.

126 난자(欒子) : 전국 시대에 진(晉)나라의 대부 난공자(欒共子)가 "사람은 세 분에 의해서 생존하기 때문에 섬기기를 한결같이 해야 한다고 들었다. 아버지는 낳아 주고 선생은 가르쳐 주고 임금은 먹여 살리니, 한결같이 섬겨서 그분들을 위해서라면 목숨을 바쳐야 한다."라고 한 것을 말한다.

127 조화옹(造化翁) : 만물을 창조하는 노인으로 조물주를 뜻한다.

又與河上書

冬候已半 節屆陽復 伏惟僉履動止 對序靜謐 區區不任禱仰 某間經毒疾 益成
衰憊 自怜而已 道內復院疏事 已至闔省齊會 封函有期 而非意首任以實病 三
單見遞 承乏之及 謬屬無狀 揣己量分 祗合鐫免 而見今辭單已還 章甫禮速以屢
百 道儒之曠留已久 晷刻難淹 敦迫備至 無路出場 此亦無事生事 罔知善處 不
得已以明再明間 爲前進紹院 冒寒踰嶺之計 而體大人輕 必取顚跲 將何以克濟
哉 所望幸者 惟外門自是吾嶺宗主大家 當此斯文盪覆廟屋邱墟之日 其所瀝血
殫誠 圖有以伸大義於一世 聳多士之瞻聽者 必萬有倍於人人 幸垂一言指揮之
敎 使得奉而周旋 如何 區區之自髫髻蔥竹 荷愛諸公 隨事相將 見義必從 視以
中表之一室者 且六十年矣 如蒙趁此遠行 同聲響合 以資將伯之助 則其迷道受
賜 奚啻龍門山上 更築一大長城耶 至於一二矛盾之端 此事旣係通國大義 則元
無界域 元無畔限 惟其所在而各伸其義 可也 譬如兩人推車 心在於車而已 奚
問齊心共推者之爲人己彼此乎 區區謬執 祗是有見於此而已 其外則非所敢知
也 未知於僉意 果何如 程子曰 曠然無一毫私意 則便有天下爲一家 中國爲一
人底意思 吾輩雖窮而在下 無所短長 乃所願則學古人也 冀與僉座下卒勉之幸
又深諒善後量義理酌輕重而處之 千萬千萬 顧此屛劣 年迫桑楡 雖無錢塘受氂
之勇 竊聞欒子致死之義 禍福之來 無非命也 祗待造化翁區處足矣 臨別惘然
他無所云 惟祝各保崇深 副此懸昂

안동 수남(水南)의 유생들이 소수서원 회중(會中)에 보낸 편지

【여강서원(廬江書院) 통문이 삼계서원에 도착한 뒤에 도회소(道會所) 여러 분 의론이 소장(疏章)을 막은 일로 여강서원 유생들을 꾸짖었기 때문에 여강서원 쪽의 노성한 분들이 이 편지로 스스로 해명하였다.】

우리 유림의 몇 년 동안 억울한 마음을 금일에 이르러서야 신원하는 일을 하게 되었으니, 원근 사람들이 일제히 일어나고 보고 듣는 이들이 모두 흥기합니다. 우리 이 늙은이들 또한 다행히 잠시나마 사기(士氣)가 다시 진작됨을 보게 되었으나 전별하는 자리에 달려가 여러분들의 논의를 받들 길이 없어 마침내 책임을 맡아 응수하는 절차를 모두 여러분들의 노고에 맡겼으니 공경하면서도 송구한 마음만 간절할 뿐입니다. 삼가 생각건대, 어수선한 가운데 여러분들의 기거가 편안하고 하늘의 복을 크게 받을 것이니 몹시도 위로가 됩니다. 저희들은 쇠로한 나이에 칩거하고 있는 터라 모두 좋은 모습이 없으니, 어찌 하나하나 자세히 말씀드릴 필요가 있겠습니까.

조금 먼 곳에 있어서 근래 조처한 일을 알지 못하지만 통유문(通諭文)을 전해 받고 봉함(封函)을 이미 갖추고 곧 길을 나선다는 것을 알았습니다. 우리 향당의 이 거사는 옛날부터 있었지만 유림과 관계되는 일과 같은 경우는 어찌 이번 의리보다 큰 것이 있겠습니까. 바로 이른바 천지에 어긋나지 않고 백세에 의혹되지 않는다는 것이니, 누가 감히 그 사이에 다른 의견을 제기하겠습니까마는 가부를 헤아리는 것은 모두 이 의리를 위한 일이기 때문입니다. 길에서 들은 선(善)은 믿기 어려운 법이니 어찌 감히 문자로 표현하겠습니까. 지금은 풍문일 뿐만이 아니라 여러분들께서 성에 들어간 날 과연 전하는 대로 운운(云云)한 것이 있다면 어떻게 처분하였는지 알지 못하겠습니다. 시세로 헤아려보면 완급에 차이가 있고,

호계서원 현판(출처-국가유산청)

사체(事體)로 참작해보면 진퇴할 근거가 없으니, 이것이 어찌 작은 일이
겠습니까.

　지난번 이곳에서 보낸 문자는 미리 충분히 논의하지 못하여 진실로 크
게 사리에 맞지 않음을 면치 못합니다. 단지 사사로이 삼계서원과 주고
받은 것일 뿐이니, 대동의 의리를 훼방하는 것으로 돌리는 것은 아마 실
정을 벗어나는 일인 듯합니다. 부디 다시 깊이 헤아리시어 보잘것없는
저희들을 늙은 겁쟁이로 간주하지 마시는 것이 어떻겠습니까. 다만 생각
건대 회중(會中) 제공들 중에 먼 사람은 거의 3·4백리가 넘고 가까운 사
람도 1·2백리를 벗어나지 않습니다. 이미 행장을 꾸려서 길에 올랐다면
많은 날을 소모했을 것입니다. 지금 이에 기한에 임박하여 물러나 돌아
오는 것은 자못 정중하지 못한 일이나 곧장 나아가서 난처하게 되기보다
는 차라리 살피고 조심하여 스스로 의리와 지조를 지키는 것이 행여 믿
음을 주지 않겠습니까. 서로 아끼고 숨김이 없는 사이이기 때문에 외람

되이 한 번 터득한 견해를 말씀드리지만 또한 감히 이로써 진퇴(進退)를 결정하기를 여러분께 바라겠습니까. 행장이 이미 갖추어졌고 앞길에 걱정할 만한 것이 없으니 진실로 우리 유림의 행운입니다. 마땅히 각자 보낼 한두 인원을 도모해서 당신께 달려 보낼 생각입니다. 다만 여러분께서 각자 보중하시어 여망(輿望)에 부응하주시기를 바랍니다. 이만하고 예를 갖추지 못합니다. 살펴주시기 바랍니다.

연 월 일 이정백(李庭百), 김정진(金鼎鎭), 류치후(柳致厚), 이돈우(李敦禹), 김진창(金鎭昌) 등.

安東水南諸儒 抵紹修會中書
【廬通之抵三溪后 道會所僉議 以防疏責廬儒 故廬邊諸成老 以此書自解】
吾林積幾年仰鬱之忱 至今日而乃有伸暴之擧 遠邇齊發 瞻聆俱聳 顧此癃廢輩
亦幸少須臾 得見士氣之復振 而末由趑進餞席 奉承諸論 竟使擔夯應副之節 一
任僉君子賢勞 祗切欽歎悚惡之忱 伏惟擾攘中 僉履起居勻迪 丕膺天相之休 極
甚慰祝 生等 年衰藏六 俱無善狀 何足一一細陳 坐在稍遠 未詳得近日措處 而
轉承通諭 可認封函已具 裝發在卽矣 吾黨此擧 自古有之 至於事係儒林 寧有
大於今番義理哉 正所謂建不悖俟不惑者 則孰敢岐貳於其間 而參量可否 無非
爲此義理故也 善塗聽有難準信 安敢形諸文字上 而今則不但風聞而已 僉君子
入城之日 果有如傳者云云 則未審何以處之 揆以時勢 緩急有間 忝以事體 進
退無據 此豈細故也哉 前去此邊文字 未得前期爛議 誠不免太逕庭 而只是私自
往復於三溪 則歸之沮戲於大同者 恐涉情外 幸更入思量 無以淺弊者 看作老恘
如何如何 但伏念會中諸公 遠者殆過三四百 近者亦不下一二百 旣已束裝登程
費了多日 今乃臨期退歸 殊欠鄭重 然與其直前而難處 無寧審愼而自靖 或信得
及此否 相愛無隱之地 猥陳一得之見 然亦敢以此前却 望於僉君子也 行具已就
緒 前路無可虞 則實是吾林之幸 當謀各送一二員 趑走下風計耳 只祝僉候 各自
保重 以副興忱 姑不備 伏惟 年月日 李庭百 金鼎鎭 柳致厚 李敦禹 金鎭昌等

상주 귀호(龜湖) 김씨(金氏) 문중의 편지

겨울철 여러분 체후가 만안하시니, 그립기 그지없습니다. 저희들은 각자 예전처럼 변변치 못한 모습으로 지낼 뿐입니다. 드리고 싶은 말씀은, 사원(祠院)을 복설하는 거사는 실로 우리 유림이 여러 해 답답하게 여겼던 의론으로써 무릇 떳떳한 본성과 혈기가 있는 사람이라면 누군들 몹시 기뻐하며 당신들과 함께 하고자 하는 것을 생각하지 않겠습니까. 귀호서원[128]은 바로 저희들의 선조 문충공(文忠公)[129] 낙성군(洛城君)[130]의 영령을 안치한 곳입니다. 그러나 훼철된 이후 약간 전토(田土)가 몰수되어 관부(官府)로 넘어갔고, 또 종가의 물건들도 꼼꼼히 조사하여 마음대로 가져가는 상황이 되어 모두 사라져 남은 것이 없습니다. 게다가 또 작년 큰 흉년으로 각 집안이 겨우 목숨을 보존하고 있으니, 이렇게 모두 함께 정당한 의리를 행하는 이때 달려가고 싶은 마음은 집집마다 호응할 뿐만이 아니나 그 노자를 마련하기 어렵습니다. 어찌하겠습니까. 백 번 생각해도 자책할 길이 없어, 이에 명첩(名帖)을 만들어 공비(公費)를 조금 부조하오니, 어찌 이것으로 감히 책임을 피하겠습니까. 부디 굽어 살펴주시기 바랍니다. 그리고 드릴 말씀은, 부디 추운 날씨에 잘 도착하여 임금을 마음을 돌려 소청(疏廳)을 성사시키시기를 바랍니다. 서찰을 올리는 예를 갖추지 못합니다.

尙州龜湖金氏門札

---

128 귀호서원 : 1784년(정조 8) 건립된 귀호사(龜湖祠)를 가리키는 것으로 보인다. 실제 서원으로의 승격 유무는 확인되지 않는다.

129 문충공(文忠公) : 김득배(金得培, 1312~1362)를 가리킨다. 김득배의 본관은 상산(商山)이며, 호는 난계(蘭溪), 시호는 문충(文忠)이다. 고려 왜구와 홍건적을 물리치는 데 공을 세웠으며, 관직은 정당문학(政堂文學)에 올랐다.

130 낙성군(洛城君) : 김선치(金先致, 1318~1398)를 가리킨다. 김선치의 본관은 상산(商山)이며, 김득배(金得培)의 아우이다. 고려 말 왜구와 홍건적을 물리치는 데 공을 세웠고, 낙성군에 봉해졌다.

冬令 僉體動止候萬安 伏溷區區之地 鄙等 各依劣狀耳 就祠院復設之擧 實吾
林積年幽鬱之議 而凡有彝性血氣之倫者 疇不踊躍欣思所欲得與於下風哉 龜
湖書院 卽鄙等先祖文忠公洛城君妥靈之所 而毀徹以后 餘干田土 沒數屬公 且
宗物幷耗於査櫛橫執之中 無所餘存 況又昨年大歉 各家僅保軀命 當此大同正
當之義 願赴之忱 不啻家呼而戶應 其於資斧之難辦 何哉 百爾思量 無以自訟
玆修名帖 略助公費 豈可以此而敢望塞責耶 惟冀曲恕耳 餘控祝衝寒利稅 回天
竣請之地 不備書禮

지강(芝崗)의 유생들이 열명(列名)하여 보낸 편지

이때 여러분들 동지가 신명의 도움으로 만중할 것이니 몹시도 그리운 마음 가누지 못하겠습니다. 다만 생각건대, 영남지방에서 소장(疏章)을 올리는 일은 사원(祠院)을 복설하는 소청(疏廳)보다 큰일이 없습니다. 그러나 저희들은 후미진 곳에서 소식을 듣는 것이 적어 지난 신미년(1871)에도 항소하는 행역(行役)에 조금의 위로도 드리지 못했으니, 저희 분수가 유생의 말석에도 끼지 못하는 것이 분명하여 지금까지도 부끄러워 죽고 싶을 뿐입니다. 그렇다면 지금 다시 성대한 거사에 마땅히 빨리 여러분께 달려가 뒤따라 나아가는 일을 논의해야 하지만 스스로 자신의 분수를 헤아려봄에 이미 여러분들 명성을 따를 정성도 없고, 또 없는 비용을 모아보는 노력도 부족하여 마침내 정성으로 도(道)를 호위하는 여러분께 스승을 잊는 죄를 자초하게 되었으니, 어찌 감히 유림 사이에서 얼굴을 들겠습니까. 이에 여러분께 기댄다는 혐의를 피하지 않고 작은 정성이나마 보내며 오직 꾸지람만 기다릴 뿐입니다. 부디 대사를 순조롭게 성취하여 많은 사람들의 마음에 부응해주시기를 천만 번 몹시도 바랍니다.

연 월 일 조형민(趙亨敏), 조재교(趙在敎), 조석리(曺錫履), 정상벽(鄭象璧), 정민덕(鄭民德) 등.

芝崗儒生列名書
伏惟宸下僉體動止候 神勞萬重 區區伏淉不任 而第伏念嶠南疏擧 莫大於祠院
復設之請 而生等僻處寡聞 往在辛未 未能效些勞於跋履抗章之役 自分不齒於
章甫之末審矣 至今愧死而已 則今於再擧之盛 固當亟趨下風 與議後進 而自揣
己分 旣蔑附驥之忱 且乏刮龜之辦 遂使衛道之誠 自速忘師之誅 何敢抗顏於儒
林之間哉 玆不避附庸之嫌 聊輸涓埃之忱 惟譴責是竢耳 惟伏祝大擧順就 以副
輿情 千萬幸甚 年月日 趙亨敏 趙在敎 曺錫履 鄭象璧 鄭民德 等

영천(榮川) 진사 노원(魯園) 김철수(金喆銖)[131]의 편지

대론(大論)이 원만이 합의되고 장석(丈席)께서 왕림하여 행차가 이미 출발했으니, 이로부터 사문(斯文)은 땅에 떨어지지 않을 것입니다. 알지 못하겠습니다. 여러분 체후가 만중한지요. 따뜻한 겨울이 봄 날씨 같지만 진흙길이 바다처럼 펼쳐져 천리 험한 길에 실로 큰 우환이 많을 것입니다. 그러나 선성(先聖)과 선사(先師)의 영령이 어찌 묵묵히 도와주는 음덕이 없겠습니까. 일의 성사 여부는 하늘에 달려있지만 군자들께서 하시는 일은 진실로 이치에 합당하여 우리가 마땅히 해야 할 바를 행하는 것입니다. 그리고 인심이 이와 같이 하늘의 뜻에 향응하면 머지않아 복원되는 것을 볼 것입니다. 저는 당장 길가에 달려가 작은 정성으로나마 전별해야하지만 마침 추위에 병이 들어 아홉 번 일어났다가 열 번이나 주저앉았으니, 모두 여러분의 덕을 그리워함에 정성이 없어서 그러한 것입니다. 대신 아둔한 제 아들을 보내 편지로 말씀드리니 어찌 감히 용서를 바라겠습니까. 이만하고 부디 여행 길 더욱 힘내시길 바랍니다. 예를 갖추지 못합니다. 살펴주시기 바랍니다.

榮川魯園金進士喆銖書
大論圓合 丈席敦臨 徒御已駕 從此斯文 不墜於地 伏未審僉體候萬重 冬暖如春 道泥如海 千里跋涉 實多不瑕之患 而先聖先師之靈 豈無黙佐之陰騭哉 事之成否在天 而君子處事 苟當於理 爲吾所當爲 而人心如是響應天意 庶見其不遠復也 卽當趁進路左 仰餞微懇 而適添觴冒 九起十坐 大都是戀德之無其誠而然也 替送迷豚 懷書仰達 安敢望恕諒耶 餘祝行李旆勉 不備伏惟

---

131 김철수(金喆銖, 1822~1887) : 본관은 안동, 자는 내극(乃克), 호는 노원(魯園)이다. 자료에는 진사로 되어 있지만, 김철수는 1864년(고종 1) 생원시에 합격하였다. 성균관에서 공부하던 중 서원훼철령이 내려지자, 이에 반발하여 유건을 찢고 퇴소하였다. 이에 황해도 문의현(文義縣)에 유배되었다.

풍기 부계(芙溪)의 김원수(金遠銖)의 편지

요사이 수위 어른 근력은 만중하고 여독으로 손상되지 않았는지요. 여러분 기거도 여러 날 신경 쓰신 일로 손상이 없으며 소본(疏本)의 등사는 이미 마쳤는지요. 길을 나설 날이 하루 남았는데 제반 채비는 생각대로 이루어졌는지요. 몹시도 궁금합니다.

대개 유생이 상소를 올리는 일은 어느 때인들 없었겠습니까. 국가를 위해서 말하기도 하고, 당론(黨論) 때문에 말하기도 하며 온 서원을 대표해서 말하기도 하는데, 일국의 선비가 취향이 각각 다르고 지니고 있는 의리가 같지 않으며 거처가 각각 달라 원근 사람들이 합치되기 어려운 것은 늘 있는 이치일 뿐입니다. 그러나 금일의 거사에 있어서는 우리 동방에 유자의 복식을 한 사람으로 위로 조정에서부터 여항(閭巷)에 이르기까지 어찌 선현을 존경하고 선사를 존모하지 않는 이가 있겠습니까. 천하가 공공(公共)으로 여기는 것은 의리이고, 인정이 존모하는 사람은 선사(先師)입니다. 대론(大論)이 이미 정해졌고 같은 목소리로 서로 응답하여 차가운 눈을 맞고 시퍼런 칼날을 밟는 일에는 마땅히 집집마다 힘을 보태고 사람마다 정성을 다해 자리를 말고 일제히 나가 수레를 밀고 고개를 넘는데 있어 자리에 남아있는 사람이나 나서서 가는 사람 모두 같은 마음이어야 합니다. 그러나 흉년 끝에 재력이 공적으로나 사적으로 다 떨어져 비록 면(面)마다 다 함께 달려갈 수는 없지만 우리 영남의 사원(祠院) 가운데 한 명의 유생이라도, 사족 가운데 한 명의 인원이라도 하나하나 다 나아가지 않을 수 없습니다.

가만히 생각건대, 행장을 꾸려서 미처 도착하지 못한 사람과 집에서 곧장 달려가는 사람이 있을 터이니, 도성 문 밖에 소장(疏章)을 게시하는 날에 아무개 사족들과 아무개 서원들을 탐문하여 만약 참석하지 않은 사람이 있으면 선현을 배신하고 선사를 잊었다는 뜻을 면치 못할 터이니,

도성에서 벌을 내리는 것이 마땅할 듯합니다. 여러분의 뜻은 어떠하신지 모르겠습니다. 저는 다시 모임에 나가 함께 일을 논의해야하지만 두질(痘疾)에 걸린 아이가 막 고통스러워하는 상황이라 겨를을 낼 경황이 없어 뜻대로 할 수가 없습니다. 몹시도 죄송합니다. 모레 쯤 발행 노정이 풍읍(豊邑)에 머물다가 길을 나설 터인데, 제가 있는 백동(白洞)은 바로 여러분이 지나는 길입니다. 저의 거처에 잠시 들러 쉬어주시기를 천만 번 간절히 바랍니다.

豊基芙溪金遠銖書

伏惟日間首位丈 筋力萬萬 無勞頓之損 僉中起居 亦無多日惱神之所害 而疏本
整頓 謄寫已畢否 行期隔日 諸般措備 就緖入量耶 伏切區區願聞之忱 大凡章
甫疏擧 何代無之 或爲國家而言之 或分黨論而言之 或單擧院而言之者 則一國
之士 就向各異 執義不同 居地各殊 遠近難合 理之常也 已於今日之擧 則吾東
方冠儒服儒者 上自朝廷 至于閭巷 何莫非尊其賢慕其先者乎 天下之公共者 義
理也 人情之尊慕者 先師 大論已定 同聲相應 冒寒雪蹈白刃 則事當家家出力
人人竭誠 席卷齊進 推轂踰嶺 坐立同心 然而荒餘財力 公私盪竭 雖不能面面
同赴 吾南之祠院中一儒 士族中一員 不可不一一赴晉 而竊想有治行而未及者
自家而直赴者 則及其國門外揭疏之日 探某族某院之中 若有闕參者 恐不免背
賢忘先之意 施罰國中 似是得當 未知僉意之如何耳 生更進會末以共敦議 而痘
兒始痛 未遑及暇 未得遂誠 還切罪悚 再明間 發行程路 舍其豊邑而路作老白
洞 實是正僉君子歷路之便 暫休鄙所 千萬切祝

소수서원에서 길을 나설 때 도내에 보낸 통문[노촌(老村)]

삼가 아룁니다. 사원(祠院)을 복설하는 소론(疏論)은 이미 초가을 화부(花府, 안동)의 통문과 8월 소주(韶州, 의성)의 모임에서 다 말씀드렸습니다. 지금 원근 사람들이 일제히 달려와 기한에 맞춰 발행하는 상황이지만 유곡 수석의 병으로 인한 사임 단자가 연이어 도착하니, 진실로 일흔 연세에 깊은 병이 들어 애쓰기 어려운 점이 있음을 알았습니다. 그래도 저희들이 몽매함도 무릅쓰고 곧장 앞으로 나아갈 마음으로 부득이 다시 천망(薦望)을 청하여 소함(疏函)을 봉해 길에 오르지만 애석하게도 사기(士氣)가 펼쳐지지 못하고, 여러 사람의 뜻이 일치되기 어려워 같은 사안을 함께 구제하는 의리는 부족하고 때를 엿보면서 관망하는 마음이 우세하여 종종 한 고을 전체와 한 집안 전체에서 처음부터 끝까지 참석하지 않은 경우도 있고, 또 나왔다가 바로 물러나 앞으로 나아갈 뜻이 없는 경우도 있었습니다. 혹 자신을 보호하고 스스로 편안히 하는 길을 얻을지는 몰라도 화살을 맞을 각오로 간언의 기치를 드는 의리에 어찌 부끄러움이 없겠습니까. 첨존들께서 따뜻한 겨울 한가한 날 한번 잡초가 우거진 빈터에 들러 무너진 기와와 부서진 자갈이 바닥에 가득 펼쳐져 있는 것을 보고 돌아와 추위를 뚫고 먼 길을 떠나 구름을 젖히고 대궐에 호소하는 거사를 생각해본다면 이때 따뜻한 방에서 편안히 베개를 베고 누워 있다고 해서 과연 마음 편히 잠들 수 있겠습니까. 저희들이 몹시도 개탄스러운 마음 가누지 못하여 이에 길을 나서는 자리에 임해 통문을 보내 다시 알려드립니다. 삼가 생각건대, 집에 계신 첨존들께서도 반드시 별도로 고집하는 것이 있어서 그런 것이 아닐 것입니다. 바라건대, 제원(諸員)들을 보내 모두 함께 하나로 단결하여 보고 듣는 사람들에게 의혹의 단초를 제공하여 대사를 원만하게 이루지 못하는 탄식이 있도록 하지 마시기를 천만 번 몹시도 바랍니다.

紹院發行時 通道內文 老村

伏以祠院復設疏論 已於初秋花府之通 八月韶州之會 已盡之矣 今遠邇齊赴趁
期發行之地 酉谷首席 病單連到 固知七耋沈患 有難强之實 生等以冒昧直前之
誠 不得已改薦請座 封函載路 而惜乎士氣不張 衆志難一 同事共濟之誼少 覘
時觀望之意勝 往往有擧一邑全一門 始終不參者 又或有旅進旅退 無意向前者
其或得於衛身自便之道 而獨無愧於受箭奉幡之義乎 僉尊以冬煖暇日 試嘗過
鞠茂之墟 葵麥之場 目見頹瓦敗礫 浪藉塗泥歸 而思夫衝寒涉遠 排雲叫閣之擧
則目下煖室高枕 其果能安于心而穩其睡耶 生等切不勝慨然于中 玆於臨發之
席 馳文更告 伏想在家僉尊 亦未必有別般秉執而然也 望須起送諸員 大同歸一
無使瞻聆致訝惑之端 大事有未圓之歎 千萬幸甚

호계서원의 유생들이 삼계서원에 보낸 통문

【소수서원 회합 이틀 전 이 통문을 삼계서원에 보내 유곡 소수(疏首)의 행차를 막고자 할 생각이었다.】

삼가 아룁니다. 천하 사람들이 똑같이 공공(公共)으로 여기는 것이 의리이고, 시세를 따라 서로 참여하는 것이 인사(人事)입니다. 지금 소수서원의 회합은 기일이 임박했으니, 무릇 떳떳한 본성을 지닌 사람이라면 누군들 용감히 달려가지 않겠습니까. 다만 삼가 생각건대, 앞길의 거센 바람은 이를 무릅쓰고 길을 가기에 어려움이 있어서 우리 향당 사람들의 뜻을 움직일 수가 없습니다. 그렇다면 이렇게 저희들이 어리석은 견해를 미리 진술하여 유생을 소주(韶州, 의성)의 회합 석상에 보내는 것은 완급과 진퇴 사이에 헤아려볼 것이 없지는 않기 때문입니다. 그러나 만약 원근 사람들이 일제히 행장을 꾸려 길을 나서는 것을 본다면 저희들은 진실로 저희들의 우활한 견해가 채택되지 못한 것으로 감히 더 말씀드리지 않겠습니다. 그러나 근래 듣자하니, 각처 유생들은 행장을 꾸려 나설 형세가 없어 호상(湖上)에서 편지를 보내 우선 멈추자는 논의가 있었다고 하니, 이것이 아마 너무나 정도에 맞는 의리일 것입니다. 저희들은 이에 감히 일제히 모여 충분의 논의하고 이어서 일을 함께 이루려는 정성을 올리오니, 부디 첨존들께서 더 잘 상의해 확정하여 대사를 신중히 처리하시기를 천만 번 몹시도 바랍니다.

연 월 일 김간수(金侃壽), 류치택(柳致宅), 김규락(金奎洛), 이돈직(李敦稷), 권수인(權守仁), 이한영(李漢榮), 김진휘(金鎭彙), 전 도사(都事) 김흥락(金興洛).

虎溪諸儒通三溪文 紹修會前二日 以此通投溪院 欲沮西谷疏首行計

伏以 同天下公共者 義理 而隨時勢相參者 人事也 見今紹修之會 期日已迫 凡
我秉彝之衷者 孰不勇赴 而第伏念前路之風威 有難冒行 吾黨之志 莫可鼓動
則此生等所預陳愚見 起送儒生於韶州之席者 未爲無量度於緩急進退之間者也
然若見遠近之一齊裝發 則生等固不敢以迢見之不見 采納有所前却 而比聞各
處儒生 無治發之勢 湖上有簡書有姑停之論 是蓋萬萬中正之義也 生等玆敢齊
會爛議 繼進同事洪濟之誠 伏願僉尊萬加商確 俾大事爲鄭重之地 千萬幸甚 年
月日 金侃壽 柳致宅 金奎洛 李敦稷 權守仁 李漢榮 金鎭彙 前都事金興洛

진주의 유생들이 소수서원 회중(會中)에 보낸 통문

회답하여 알리는 일입니다. 삼가 아룁니다. 의리에 맞는 거사는 떳떳한 본성을 가진 사람이라면 동참하는 바인데, 문득 여러분 고을에서 먼저 창도하여 막 마음 가득 감복하고 있습니다. 8월 20일 사이 29일이라는 도소(道所)의 문자가 있었기 때문에 바로 회답하여 사정을 다 말씀드렸는데, 지금 두 번째 통문을 보니 저희 고을에서 회답한 글을 미처 보지 못한 듯하고, 소수서원에서 소장(疏章)을 꾸린다는 통문이 또 도착하였습니다. 아! '순환하는 천도[循環之天]와 정성이 쌓인 상황[積誠之地]'이라고 한 이 여덟 글자는 첨현들께서 논의를 창도함에 이미 남김없이 정성을 다한 것이니, 같은 의견을 가진 저희들 의리로 어찌 감히 뒤지겠습니까마는 날짜를 꼽아보고 형편을 헤아려봄에 어쩔 수 없는 사정이 있었습니다. 한편으로 소유(疏儒)을 정하고 한편으로 문전(門錢)을 배분하여 막 29일 유생을 정하여 한양 소청(疏廳)에 곧장 보내는데, 도내 논의에서 우리 고을이 혹 뒤늦은 것을 의아하게 여길까 걱정되기 때문에 이에 심부름꾼을 보내오니, 부디 군자들께서 대동(大同)의 논의를 헤아려 대사에 힘쓰시기를 천만 번 몹시도 바랍니다.

晉州儒生 通紹會文
回告事 伏以義理之擧 彛性所同 而輒被貴省先唱 方瀷然以心服 八月念間有二十九日 有道所文字 故卽爲回答 備陳事機 而今見再通鄙鄕之回告 似不及入覽 而紹修治疏之通 又到矣 於乎 循環之天 積誠之地 八箇字 僉賢之倡論 已竭盡無餘 其在同聲之義 曷敢或殿 而計日量勢 有不得不然者 一邊定疏儒 一邊排門錢 方以今二十九日 定儒生直送漢師疏廳 而竊恐道論之致訝於鄙鄕之或後 故玆以命雇人委伻 伏願僉君子 諒大同之論 敦大事之地 千萬幸甚

태학(太學)에 보낸 통문[금곡(金谷)]

삼가 아룁니다. 사문(斯文)의 정맥이 하늘에 닿아도 실추되지 않고, 우리 유림의 공의는 반드시 신원될 때가 있을 것입니다. 지금 저희들은 국내 사원(祠院)을 복설하는 대의로 소장(疏章)을 만들어 앞으로 나와 임금께 전달되기를 바랍니다. 그러나 가만히 생각건대, 귀 태학은 원기(元氣)가 모인 곳이요, 국론(國論)이 정해진 곳입니다. 이에 감히 수많은 사람들이 똑같이 품은 충정을 거론하여 백세에 전할 떳떳한 본성을 질정하오니, 부디 특별히 돕고 호위하여 같은 목소리로 일을 마무리하시어 이로써 우리 도(道)를 소중하게 하고 유림을 빛내주시기를 천만 번 몹시도 바랍니다.

抵太學通文 金谷
伏以 斯文之正脈 極天而罔墜 吾林之公議 有時而必伸 今生等以國內祠院復設之大義 治疏前進 冀徹宸旒 而竊惟賢館 是元氣之所萃 國論之所定 玆敢擧萬人齊茹之衷情 質百世建埃之彝秉 伏願特賜扶衛 同聲竣齊 以重吾道 以光儒林 千萬幸甚

성균관(출처-국가유산청)

궐문 앞에 부복할 때 본도의 여러 고을에 보낸 통문[노촌(老村)]

【처음 궐문 앞에 부복한 때가 정축년(1877) 12월 초3일인데 무인년(1878) 정월에 이 통문을 발송하였으니, 아마 소유(疏儒)가 빠진 고을에 보낸 통문일 것이다.】

삼가 아룁니다. 사원(祠院)을 복설하는 상소를 올리는 일은 이미 지난 가을 화부(花府, 안동) 소주(韶州, 의성)의 통문을 통해 잘 알고 있습니다. 소수서원에 회합하여 행장을 꾸려 길을 나선지가 몇 달이 지났고 대궐문 밖에서 호소하며 부복한 지가 거의 수십 일이나 되었지만 귀 읍의 소원(疏員)은 아직 도착하지 않았고, 공비(公費)도 거두어 보낸 것이 없습니다. 아마 반드시 먼 곳에서 풍문을 잘못 듣고 섣달 추위를 무릅쓰기 어려움으로 말미암아 이리저리 미루다 이런 지경이 되었을 것입니다. 어찌 달리 고집하는 논의가 있어서 그런 것이겠습니까. 다만 처분이 아직 내려오지 않은 채 날짜가 오래되어 병이 난 사람은 어쩔 수 없이 고향으로 돌아갔지만 남아서 부복하는 사람들은 비용을 마련할 길이 없어 당장 초라하고 궁색한 꼴이니 인사를 닦아 임금님 마음에 도달하도록 할 수 없을까 걱정입니다. 이미 펼쳐놓은 일은 중간에 그만둘 수 없고, 이미 부복한 유생은 빨리 물러날 수가 없습니다. 이에 소청(疏廳)에서 통문을 발송하여 다시 고향에 있는 여러 고을에 알리오니, 군자들께서는 각자 선원(先院)을 복원하고 선사(先師)를 보위하는 정성이 있을 터이니 앉으나 서나 다른 의견을 제기할 수 없을 것입니다. 부디 빨리 유생을 보내주시어 추후 부복을 이어가도록 해주시고, 공비를 보내주시어 동참한 일을 함께 성사시키는 방책을 도모하도록 해주시기를 천만 번 몹시도 바랍니다.

伏閣時 通本道列邑文 老村 始伏在丁丑十二月初三日 而戊寅正月發此文 蓋通

疏儒所關之邑也

伏以復院疏擧 已於前秋花府韶州之通 備悉矣 紹修會治發 洽滿數朔 閣門外叫伏 殆過數旬 而貴邑疏員 尚未見到 公費亦無收送 想必緣遠地風聞之誤 窮寒觸冒之難 而因循以致此也 豈或有別般秉執而然耶 第惟處分未下 曠日滋久 生病者 不得已尋鄉 留伏者 無以備資用 目下零星之樣 窘迫之狀 恐不足以修人事而格天心也 旣張之擧 不可以中掇 旣伏之儒 不可以徑退 玆自廳中發文 更告于在鄕列邑 僉君子其在各復先院各衛先師之誠 想不以坐立而異其誠也 望須趁送儒生 以爲追后繼伏之地 輸送公費 以圖同事共濟之策 千萬幸甚

소청(疏廳)의 사령(使令) 임석홍(林石鴻)이 여러 고을 수복(首僕)들에게 보낸 사통(私通)

통문을 보냅니다. 지금 사원(祠院)을 복설하는 소장(疏章)을 올리는 일은 본래 사림댁(士林宅)의 똑같은 의리이지만 귀 고을은 아직 소유(疏儒)를 꾸려서 보내지 않았고, 또 공비(公費)를 보내주지 않았으니 몹시도 개탄스럽습니다. 지금 궐문 앞에 부복한지가 오래되어 밑천이 다 떨어져 어쩔 수 없이 여러 고을에 돈을 배분합니다. 우선 매월 1냥에 이자 1전씩을 해당 읍의 경저리(京邸吏)에게 끌어다 썼는데, 귀 고을은 거의 10민(緡) 정도입니다. 통문이 도착한 날 즉시 인편을 마련해 거두어 보내주어 빨리 갚도록 해주시기를 몹시도 바랍니다.

疏廳使令林石鴻抵列邑首僕私通
右通 爲今此復院疏擧 自是士林宅大同義理 而貴鄕則尙不治送疏儒 又未輸送
公費 殊甚慨然 今伏閣有月 資用罄竭 不得已排錄列邑 爲先以每月一兩頭一錢
邊 引用于該邑京邸吏處 貴鄕則幾十緡也 通到之日 趁卽俱便收送 從速報償之
地 幸甚

비답을 받고 고향으로 돌아올 때 도내에 보낸 통문[금곡(金谷)]

삼가 아룁니다. 지난 해 11월 중에 저희들이 사원(祠院)의 복설을 청하는 일로 소함(疏函)을 받들고 고개를 넘었고, 12월 초3일 비로소 궐문 앞에 부복하여 추위의 고통을 겪은 지가 모두 50일 남짓입니다. 이번 정월 25일 이른 아침에 비로소 임금님이 소장(疏章)을 보시고, "소장을 보고 잘 알았다. 이것이 어찌 서둘러 논의할 일이겠느냐. 그대들은 물러나 학업을 닦도록 하라."라고 비답을 내려주셨습니다. 하늘처럼 적셔주고 땅처럼 감싸주시는 성상의 뜻은 앞으로 할 수 있는 길을 열어주셨으니, 지극히 깊고도 두터운 은혜에 감사하여 모두 손 모아 축원하였습니다. 그래서 빨리 융숭한 뜻을 받들어 계속 소장을 올려 윤허(允許)의 처분을 받고자 했지만 이에 칠도의 많은 선비들이 이미 소장을 만드는 소청(疏廳)을 와서공해(瓦署公廨)에 설치하고, 다음 달 열흘 사이 궐문에 부복하기로 기약했다고 알려왔습니다. 이들은 모두 같은 목소리를 내는 의리를 가진 사람들로서 서로 계속해서 봉함(封函)하는 것 또한 두 번째 소장을 신청하는 것이기 때문에 우선 먼저 물러나 천천히 결말을 기다리되, 만약 팔도의 소장이 마침내 윤허를 받는다면 모두 사문(斯文)의 다행이 될 것이고, 만약 그렇지 못하면 이번 3·4월 사이 두 번째 거사를 다시 도모하여 끝내 대성인(大聖人)이 처음부터 끝까지 지극한 은택을 받도록 하는 것이 지금 구구한 저의 바람입니다. 이에 논의를 시작하는 초기에 문득 일에 앞서 알려드립니다. 군자들께서 굽어 살펴주시고 미리 만반의 준비를 생각하여 다시 알려드리면 일제히 도성에 달려와 같은 목소리로 호소하도록 해주시기를 천만 번 몹시도 바랍니다.

承批還鄕時 通道內文 金谷
伏以前歲十一月中 生等以祠院請復事 奉函踰嶺 以十二月初三日 始爲伏閤 備
經寒苦 積至五十餘日 而今正月二十五日 早朝始克登徹 恩批若曰 省疏具悉

此豈遽爲之事乎 爾等退修學業 聖意 天涵地包 啓可爲於方來者 至深且渥 感戴洪造 普切攢祝 亟欲仰軆隆旨 繼爲封章 冀蒙準請之處分 而迺者七道多士 已至設廳治疏于瓦署公廨 聞以來月旬間 期於伏閣 俱是同聲之義理 而相續封函 便亦申請之再疏也 故姑先退歸 徐待究結 若八道之疏 遂至蒙允 則均爲斯文之幸 如或未然 則欲以今三四月間 重謀再擧 終受大聖人始終無涯之至澤 是今日區區之願也 玆於始議之初 輒陳先事之告 惟僉君子俯恕 預思裝束 以報更報 而一齊馳進都下 以爲合辭陳籲之地 千萬善甚

소수서원에 보낸 통문 금곡(金谷)

삼가 아룁니다. 저희들은 사원(祠院) 복설을 청하는 일로 귀 서원에서 소장(疏章)을 봉하여 궁궐에 호소한 지가 50일 남짓이 되었는데도 임금님께 올리지 못했으니 아마 첨존들께서도 똑같이 걱정하고 한탄하실 것입니다. 그런데 근자에 유신(儒臣)이 이 일을 임금께 상소하여 특별히 소장(疏章)을 들여보내라고 명하고, "이것이 어찌 서둘러 논의할 일이겠느냐. 그대들은 물러나 학업을 닦도록 하라."라고 비답을 내려주셨습니다. 하늘처럼 적셔주고 땅처럼 감싸주시는 성상의 뜻이 앞으로 할 수 있는 은미한 뜻을 보여주셨으니, 진실로 지극히 깊고도 두터운 은혜입니다. 저희들은 빨리 융숭한 뜻을 받들어 다시 저희들의 정성을 다하여 윤허하는 명을 받고자 하였는데, 지금 인심이 서로 화합하고 사기(士氣)가 더욱 치솟아 칠도 유생들의 소장을 가지고 내달 초에 궐문에서 부복하기로 기약했다고 알려왔습니다. 이는 온 나라 사람들이 똑같이 생각하는 의리로써 서로 이어서 봉함(封函)하는 것 또한 저희들이 다시 소장을 올리는 것과 다름이 없기 때문에 해당 소청(疏廳)에 통문으로 알려 함께 일을 완수할 것을 요구하기에 이르렀고, 이어서 아울러 여러분 관사(館舍)에 요청해 합사(合辭)하여 계속 발론하면 사문(斯文)의 대의는 아마 차례로 임금의 윤허를 받을 희망이 있을 것입니다. 이번 행차는 우리 동방에서 맨 처음 창건한 서원에서 일을 시작하여 여러분의 힘을 다한 도움을 받았기 때문에 이처럼 신명이 돕고 인사가 호응하여 저희들의 오늘이 있게 된 것입니다. 서로 이끌고 함께 나와 함께 은혜에 감사하고 싶지 않은 것은 아니나 거리가 서로 멀어 형편상 어찌할 길이 없기 때문에 이에 각자 고향으로 돌아가는 자리에서 근래 조처한 일을 말씀드리며 아울러 천리 먼 곳에서 문안인사를 드립니다. 부디 첨존들께서 헤아려주시면 몹시 좋겠습니다.

通紹修書院文 上仝

伏以生等以請復祠院事 封疏貴院 仰籲九閽 積至五十餘日 未克登聞 想惟僉尊
亦同一憂歎 而近者因儒臣陳章 特命捧入 恩批若曰 此豈遽爲之事乎 爾等退修
學業 聖意之天涵地包 示微旨於方來者 實至深且渥矣 生等亟欲仰體洪造 重竭
愚懇 冀蒙渙下之成命 而顧今人心胥翕 士氣增倍 七道儒章伏閣之期 聞在來初
均是擧國同然之義理 而相續封函 亦無異於生等之爲再疏也 故以至文告該廳
求與同濟 因而竝請賢館 合辭繼發 斯文大義之或庶幾有次第準請之請望者 良
繇今行之始事於東方首創之院 而受賜於僉賢極力之助 有若神明扶佑人事響合
以致生等之有今日也 非不欲相率聯進 與同恩感 而道里相左 其勢末由 故玆於
各尋鄉路之席 輒陳近日措處之故 兼修千里起居之問 惟僉尊有以諒之 善甚

칠도 소청(疏廳) 유생들이 영남 소청(疏廳)에 보낸 간통(簡通)

【와서도가(瓦署都家)에 소청(疏廳)을 설치한 뒤 정축년(1877) 12월 25일에 간통(簡通)하고 통문을 함께 주었다.】

　　섣달 추위에 객지 체후는 만중하신지요. 소장(疏章)을 봉함(封函)한 지가 이미 오래되었는데도 아직 임금께 올리지 못했으니 누군들 황송하지 않겠습니까. 저희들도 7도 도회에서 사원(祠院) 복설을 청하는 일로 이제 막 같은 목소리로 대궐에 호소하려고 하기 때문에 이에 감히 알려드리오니 이를 헤아려주시기를 몹시도 바랍니다.

　　발문유사(發文有司) 정원석(鄭元錫), 조창하(趙彰夏), 이종익(李鍾益).

七道疏廳儒生 抵嶺南疏廳簡通 設廳于瓦署都家 而簡通于丁丑十二月二十五
日 兼呈剖通也
伏惟窮沍 旅中僉體事萬旺 封章已久 尙未登徹 孰不悚惶 鄙等亦以七道道會
請復祠院事 方欲齊聲叫闔 故玆敢仰告 以此下諒 幸甚
發文有司 鄭元錫 趙彰夏 李鍾益

칠도 도회소(道會所)에서 영남 소청(疏廳)에 보낸 간통(簡通)

이 글은 통지하여 알리는 글입니다. 대개 삼대(三代) 이후로 학교를 세우고 함께 사원(祠院)을 설치한 것은 유학(儒學)을 존숭하고 세교(世敎)를 부지하기 위한 것입니다. 바로 나라의 원기가 있는 곳으로 도의(道義)와 덕업(德業)이 탁월하고 충효(忠孝)와 열절(烈節)이 뛰어난 분을 제수를 마련해 제사지내고 대대로 봉향하니, 이것이 어찌 선왕의 제법(祭法)에서만 오로지 나왔다고 말하겠습니까. 국가가 보답하고 사문(斯文)이 모범으로 삼는 것은 바로 고금에 통하고 천지에 펼쳐져 바꿀 수 없는 대경(大經)이요 대법(大法)이니, 아! 성대한 것입니다.

우리 동방은 바다 한쪽에 붙어있지만 특별히 소중화(小中華)라 일컬었던 것은 예악(禮樂)과 문물(文物)이 천하에 으뜸으로 삼대(三代)의 예법을 본받아 사문이 여기에서 강상(綱常)을 실추시키지 않았기 때문입니다. 사원(祠院)의 설치는 대개 옛 것을 계승하고 올 것을 열어주는 의의에서 나왔습니다. 이에 사림이 흥기하여 빛내고 조정에서 사액(賜額)하여 제사를 지내니, 이 때문에 선현들이 머물고 노닐던 곳에는 중첩해서 설치해도 철거하지 않았고, 배향(配享)해도 꺼리지 않았습니다. 이것은 바로 사림이 존경(尊敬)하고 애모(愛慕)하는 정성이요, 조정에서 사기(士氣)를 배양하는 방법이며 우리 열성조의 성대한 의식이요, 남겨준 법전입니다. 그런데 선현을 존경하는 예와 풍속을 세우는 의식이 이제 다 사라졌으니, 아! 애통한 일입니다.

요사이 세도(世道)가 날마다 추락하고 인심이 점점 나빠져 유자의 복장을 갖추었다고 하는 사람들도 선현을 추모하는 작은 정성도 전혀 없고 사사로이 사익을 채우는 소굴로만 간주하여 이 중대한 사원(祠院)에 의지해 어려서부터 무단(武斷)을 자행하여 무뢰배가 출몰하고 시비가 어지럽게 일어났습니다. 이 때문에 지난 병인년(1866)에 훼철하라는 명까지 내려지는 지경에 이르렀으니, 진실로 난잡한 부류를 경계하고 꾸짖어 한번 크게 개혁하기 위해서 나온 명령입니다. 그러나 성인 공자(孔子)께서 초하루 고유제에 희생으로 바치는 양을 없애지 않았던 것은 바로 예(禮)를 아꼈던 본뜻입니다. 게다가 선현의 영령을 안치한 곳이요 후학들이 우러러 경모하는 곳인데 차마 쑥대가 우거진 곳이 되고 말았으니, 제사를 지내고 추모하는 모습이 지금 어디에 있습니까. 시골 늙은이들이 탄식하고 행인들이 손가락질하니, 옥석(玉石)을 가리지 않고 모두 태워버린 상황이 한탄스럽고 안타깝습니다.

아! 세월은 흐르고 일이 늦어지니, 지금까지 세상에 살아있는 사람이라면 답답해 감회를 일으키지 않은 사람이 없습니다. 이것이 어찌 우리 사문(斯文)만의 불행일 뿐이겠습니까. 특히 국가 원기(元氣)의 흥망과 관계된 것입니다. 무릇 우리 온 나라의 유생들이라면 누구나 선현을 경모(敬慕)하고 임금을 사랑하는 마음이 있지 않겠습니까. 삼가 바라건대, 군자들께서 일제히 모임에 오셔서 같은 목소리로 대궐에 호소하여 임금의 마음을 돌려 사원(祠院)을 복설을 바랄 수 있도록 해주시기를 천만 번 몹시도 바랍니다.

유사(有司) 정원석(鄭元錫), 조창하(趙彰夏), 이종익(李鍾益), 홍재규(洪在奎), 유치형(俞致亨).

七道道會所 通嶺南疏廳文
右文爲通諭事 蓋自三代以后 興學校設祠院 所以尊儒術扶世敎 卽有國之元氣也 道義德業之卓越 忠孝烈節之超群 血以食之 世以享之 豈曰亶出於先王之祭法也哉 國家之報施 斯文之矜式 卽通古今亘天地 不易之大經大法也 於戲盛哉 惟我東邦 偏在海隅 特稱小中華者 禮樂文物 冠於天下 摸擬三代之威儀 斯文在此 綱常未墜 祠院之設 蓋出於繼往開來之意義 於是乎士林興起而彰之 朝家賜額而享之 是故先賢杖屨之所 遊賞之地 有或疊設而不屑 有或配享而無嫌 卽

士林所以尊敬愛慕之忱 朝家所以培養士氣之道 是我列聖朝盛儀遺典 而尊賢之禮 樹風之儀 於斯盡矣 噫噫痛哉 挽近以來 世級日降 人心漸溺 稱以冠儒服儒者 全昧瞻慕之微意 看作徇私之貨寶 憑此祠院之重 而幼爲武斷之資 無賴出沒 是非紛紜 是以粤在丙寅 至有毀撤之命 寔出於警飭亂類之一大更張 然聖人不去告朔之餼羊 迺是愛禮之本意也 矧玆先賢安靈之所 後學景仰之地 忍作蓬蒿之場 焄蒿悽愴 而今安在哉 野老吞聲 行路指點 玉石俱焚 吁亦嗟矣 噫 星移事晩 迄今宇內性命之倫 莫不齎鬱興感 是豈獨爲斯文之不幸也已 特係乎有國元氣之興替 凡我擧國章甫 孰不有慕賢愛君之忱也耶 伏願僉君子 濟濟來會 合辭叫閽 庶望回天復院之地 千萬幸甚 有司鄭元錫 趙彰夏 李鐘益 洪在奎 俞致亨

사원(祠院) 복설을 청하는 상소의 대개(大概)

성조에서 문(文)을 숭상했던 뜻을 감히 아뢰어 선현의 사원을 복설하라는 명을 받아 이로써 사전(祀典)을 중시하고, 이로써 유교(儒敎)를 밝히도록 해주시기를 바랍니다.

請復祠院上疏大概
敢陳聖朝右文之意 冀蒙賢祠復設之命 以重祀典 以明儒敎事

전임 수찬 박주운 소초(疏草)

삼가 아룁니다. 옛날의 성명(聖明)한 제왕들은 공예인(工藝人)의 간언을 받아들이고 경쇠와 목탁을 치는 낮은 사람들의 말까지도 기다리며 소원하거나 비천하다고 해서 이들을 홀대하지 않았던 것은 아랫사람들의 사정을 알고자 했기 때문입니다. 하물며 선비는 국가의 원기(元氣)로서 하는 말이 사도(斯道)와 사문(斯文)을 위해 나온 경우에야 어떻겠습니까. 근자에 영남 유생들이 서원의 복원을 청하는 일로 대규모 의론을 일제히 발하여 처음 안동(安東)에서 모임을 갖고 다시 의성에서 모임을 가진 후 순흥에서 3차 모임을 가지고 한 도 전체가 한결같은 목소리로 만인이 연명하여 작년 12월 초3일 부터 상소를 가지고 올라와 국문(國門) 밖에서 부복하고 있습니다.

무릇 오늘날 서원을 마땅히 복원시켜야 한다는 것은 온 나라 안의 의관을 갖춘 혈기 있는 유생으로서 마음을 지닌 자라면 모두가 원하고, 입을 가진 자라면 모두가 말들을 하고 있습니다. 그런데 뜻밖에도 여러 유생들이 궐문에서 부르짖으며 명을 기다린 지가 이미 한 달이 지나고 한 해를 넘겼는데, 상께 아뢰지를 못한 채 드디어는 혹한이 뼈를 파고들고 굶주림은 피부에 사무쳐 심한 고통과 질병으로 결국엔 길 위에 엎어져 죽게 될 형편이 되고 말았습니다. 그런데도 상소는 아직껏 상께 이르지 못하여 진퇴를 정하지도 못하고 있으니, 이를 보고 듣는 자라면 그 누군들 민망해하며 탄식하지 않을 수가 있겠습니까. 그러나 전하께선 구중궁궐 깊은 곳에 계시고 대궐은 깊고 엄중하기만 하니, 어찌 바깥에서 유생들이 이토록 위급한 지경에 이른 줄 아실 수가 있겠습니까.
아! 서원은 중국의 교화의 근본이 되고 우리 동방의 예의의 근원이 되고 있는 점은 유생들의 상소에 갖추어져 있으니 신이 군이 중복해서 아뢸 필요는 없습니다. 그러나 일찍이 삼가 우리 영조 임금께서 고려 태조(太

祖)가 세운 서경(西京)의 서원[132]을 두고 쓰신 글을 읽어 보니, "이는 오백 년 고려의 근본 터전이다."고 하였습니다. 대저 고려가 이 서원을 세운 것은 단지 박사(博士)들과 장서(藏書)를 위해 설치했던 것으로, 실제는 도학을 숭상하고 어진 이를 존숭하기 위한 것은 아니었습니다. 그런데도 그것이 나라의 근본 터전이 되었다는 점은 오히려 성지(聖旨)를 내려 이를 기리고 가상히 여겼던 것과 같은 사례까지 있었으니, 하물며 우리 조정이 서원을 세운 일이야 말할 나위가 있겠습니까. 정도를 붙잡아 이단을 물리치며 인륜을 밝히고 제사를 질서 있게 받드는 일이 만억년 이어질 사문(斯文)을 선도하였으니, 이는 고려 태조가 만에 하나라도 헤아릴 수 있었던 일이 아닙니다.

그렇다면 오늘날 유생들이 전하께 서원의 복원을 청하는 것은 실로 온 나라에 걸친 큰 의리입니다. 이는 천지간에 내놓아도 이치에 어긋나지 않고, 귀신에게 물어보아도 의심할 것이 없어서 천하 만세에 길이 할 말이 있는 일이라 하겠으니, 벼슬 않는 빈천한 자들의 말이라 해서 끝내 버릴 수는 없음이 분명한 것입니다. 또한 청을 드리는 이유가 함부로 제사를 하여 외람되게 귀신에게 빌려는 것이 아니라 그저 선대의 조정이 세운 사액 서원과 세상에 이름난 현인들의 사당을 복원시키고자 하는 것일 따름입니다. 그리고 이에 필요한 자성(粢盛)[133]과 학전(學田)은 각각 나름대로 사적으로 갖추어 위로는 공사(公事)를 범하지 않고 건물을 짓는 일은 우선 띠를 엮어 설치하여 아래로는 백성들의 수고를 번거롭게 하지 않을 것입니다. 그리하여 요컨대 죽기 전에 예로부터 전해져 온 제사의 의식과 유학의 가르침을 다시 봄으로써 유학을 숭상하고 도를 중시했던 열성조의 심원한 인덕과 두터운 은택에 보답코자 하는 것입니다. 이와

---

132 서경(西京)의 서원 : 930년(태조 13) 고려 태조의 명으로 건립한 서경의 학교를 뜻한다. 이때 태조는 수재(秀才) 정악(廷鶚)을 서학박사(書學博士)로 삼아 생도를 가리키게 했다.
133 자성(粢盛) : 나라의 큰 제사에 쓰는 곡식으로 여기서는 제수를 뜻한다.

같이 하는 것은 장차 백성과 나라엔 손해될 것이 없고, 유학의 가르침엔 보익이 될 것이므로 세태를 일전시켜 폐지된 모든 것을 부흥시켜 보려는 간절한 소원에서 비롯된 것입니다.

삼가 바라건대, 자애로우신 성상께서는 속히 유생들의 상소를 받아들이도록 명하여 빨리 결정하여 여러 유생들이 국문(國門)에서 오래도록 머무는 일이 초래되지 않게 하시고, 진정 이들을 측은히 여기는 교지를 반포하시어 나라 안의 현인들을 모신 서원을 복원하도록 윤허해 주소서. 그렇게 된다면 귀신과 사람을 위로하고 기쁘게 하며, 하늘을 감응시켜 상서로운 화기를 불러들여 우리의 성스럽고 신령한 왕손에 의해 억만년 무궁토록 이어질 왕업의 터전이 마련되어 응당 천지처럼 영원히 이어질 것이니, 어찌 아름다운 일이 아니겠습니까.

신은 심히 우매한 자이건만 크신 은혜를 두터이 받아 버려진 가운데서 거두어 주시고 나아가 미천한 신료의 말석에 끼워주셨으니, 죽은 목숨을 소생시켜 주신 이 크나큰 은혜는 분골쇄신을 한다 해도 갚을 길이 없을 것입니다. 또한 신은 지난 병자년(1876) 겨울에 망령되이 분별없고 미련한 소견[134]을 바치면서 겸하여 서원의 복원에 대해 상소하여 유념하겠다는 성상의 비답을 받기까지 하였기에, 크신 은혜에 감격해 목숨 바쳐 결초보은하리란 각오를 더욱 다진 바 있습니다. 이번에 다시 천리 길을 달려 나와 감히 사적인 것을 아뢸 수는 없으나 외람되이 국인의 공의를 들어 바로 아뢰게 되니, 황공하고 두려워 아뢸 바를 알지 못하겠습니다. 전하께서는 유념하여 채택해 받아들여주소서.

신은 몹시도 감격하고 두려운 마음 가누지 못해 삼가 죽음을 무릅쓰고 아룁니다.

---

134 지난 병자년(1876)⋯⋯ 소견 : 『고종실록』 13년 12월 22일 기사에는 1876년 재해가 잇따르자 전 헌납 박주운이 상소하여 백성을 구휼할 방도를 아뢴 사실이 수록되어 있다. 이때 고종은 "진달한 모든 조항을 마땅히 유념하겠다.[所陳諸條, 當留念矣]"고 비답하였다.

상소의 대개(大槪). 나라를 걱정하고 백성을 사랑하는 마음을 감히 아뢰니 채납해주시는 은혜를 내려주시길 바랍니다.

비답을 내리기를 "상소를 보고 잘 알았다. 유생들의 상소에 관한 일은 마땅히 처분이 있을 것이다."고 하였다.

前修撰朴周雲疏草

伏以古之聖帝明王 納工藝之諫 待磐鐸之扣 不以疏賤而忽之者 通下情也 況乎士者 有國之元氣 而所言爲斯道斯文而發也哉 迺者 嶺南儒生 以書院請復事 大議齊發 始會于安東 再會于義城 三會于順興 一道同聲 萬人聯名 自前年十二月初三日 抱函來伏于國門之外 夫今日書院之當復 凡環東土衣冠 血氣之倫 有心者皆願 有口者蓋言 而那意諸生之叫閽待命者 已爲閱月經歲 尙未登聞 遂至祈寒乏骨 飢困切膚 辛苦疾病 畢竟有顚仆道路之勢 瞻聆所及 孰不悶歎 而殿下深居九重 軒階邃儼 何以知外間儒生之炭業至此哉 於乎 書院之爲中國敎化之本 大東禮義之原儒疏備矣 臣不必架疊 而嘗伏讀我英廟之爲麗太祖西京書院 識曰此其爲五百年高麗之根基也 夫高麗之爲是院者 只爲博士藏書而設也 非有崇道尊靈之實 而其爲有國之根基者 尙如有聖旨褒嘉者 況乎我國朝之爲書院乎 其扶正闢異明倫 秩祀爲萬億年斯文之倡 非麗氏之所萬一擬議也 然則今者儒生之請復於殿下者 實通國之大義理也 可謂建天地質鬼神 而永有辭於天下萬世者 則不可以韋布寒賤之言 而遂廢也審矣 且其所以爲請者 不在於濫祀之猥穰 只欲復先朝之額院 與夫名世之賢祠 而其粢盛學田 則各自私備 上不干公事 其營造室堂 則姑設茅茨 下不煩民力 要於未死之前 而復見俎豆之遺儀 絃誦之餘敎 以報答列聖朝崇儒重道之深仁厚澤而已 夫然者 蓋將無損於民 國有補於名敎一轉移 而修百廢之至願也 伏乞聖明亟命 捧入儒章 早降處分 無致諸生之久淹國門 而領下懇惻之綸言 許復國內之賢院 則其慰悅神人 感召祥和 以基我聖子神孫 萬萬億無疆之業 當與天壤而終始也 豈不休哉 臣以至愚 厚蒙隆恩 收之屛棄之中 而復齒簪履之末 生死肉骨 糜粉莫酬 且臣於丙子冬 妄效狂瞽 兼陳復院 而至蒙留念之聖批 感戴洪私彌增隕結 玆復千里前進 不敢言私猥擧 國人之公議 不知所云 惟殿下留神採納焉 臣無任激切祈懇戰慄俟罪之至 謹昧死以聞
上疏大槪 敢陳憂愛之忱 冀蒙採納之恩事
批曰 省疏具悉 儒疏事 當有處分矣

수위(首位) 어른이 서원 복원을 청하기 위해 소장(疏章)을 꾸렸던 일을 기록하고, 여러 군자들과 유별(留別)하며 지은 시[首位丈 記請復書院治 疏事 留別諸君子]. 병소서(並小序)

정축년(1877) 11월 보름에 내가 외람되게도 서원 복원을 청하는 소두(疏頭)가 되어 여러 군자들과 추위를 무릅쓰고 상경하였다. 궐문에 부복한 지 50일 남짓이 되었지만 여태 임금께 소장을 올리지 못하였는데, 가제(家弟) 수찬군(修撰君, 박주운(朴周雲)이 고을에서 이 소식을 듣고 달려와 소장을 올려 빨리 처분을 내려달라고 요청하자 성상께서 그렇게 하겠다고 하였다. 다음날 아침 소장을 들이라고 명하고, "이것이 어찌 서둘러 논의할 일이겠느냐. 그대들은 물러나 학업을 닦도록 하라."고 온화한 비답을 내렸다. 성상의 뜻은 대개 그 일을 중시하여 앞으로 할 수 있다는 뜻을 보여주신 것이니, 군자들이 이를 받들어 읽고 몹시 기뻐하였다. 이를 받들고 남쪽으로 돌아갈 때 장차 서명(署名)하고 한 책자를 만들어 나에게 이를 기록해달라고 요청하였다. 그래서 문득 장구시(長句詩) 한편을 지어서 앞으로 참고할 바가 있도록 하노라.

丁丑至月之望 余辱忝請復書院疏頭 與諸君子冒寒上洛 伏至五十餘日 迄未登聞 家弟修撰君 在鄕聞報 馳進上一疏 請早賜處分 上可之 翌朝命捧入 下溫批日 此豈遽爲之事乎 爾等退修學業聖意 蓋重其事而示可爲於方來也 諸君子擎讀歡抃奉而南歸 且署名爲一冊 要余識之 輒述長句一篇 俾來者有所攷云爾

우리 동방의 서원은 삼대 제도 본받아	書院吾東三代制
명종 선조 성대에 치적 도와 융숭했네	明宣盛際佐治隆
석고와 악록서원[135] 다투어 본받았으니	石鼓岳麓爭慕效

---

135 석고와 악록 서원 : 석고서원(石鼓書院)은 형주(衡州 호남성 형양)의 석고산(石鼓山)에 있다. 당나라 이관(李寬)이 세웠고, 송나라 지도(至道) 연간에 '석고서원'이란 이름을 하사받았다. 중간에 황폐

백 년 동안 고을에는 유학 기풍 빛났네   百年鄕國彬儒風
우리 사문의 성쇠는 운수와 관련 있어 斯文盛衰關運氣
하루아침 빈 터에는 쑥대가 무성하네 一朝邱墟生蒿蓬
열성조에서 내린 편액도 땅에 떨어져 列聖璿扁猶墮地
온 고을 방방곡곡 유생들 상심하였네 遑論坊曲衣冠恫
십년 동안 참담히 서로 보고만 있고   慘憺相看一十載
전당처럼 죽어도 직언할 사람 없었네[136] 無人能坦錢塘胸
영남에서 소장 받들고 서울 길 가니   鄒魯一函西上洛
수많은 유생들 연명해 고충 아뢰었네 萬儒聯聲陳苦衷
고개 길은 아득하고 강물은 얼어붙어 嶺路漫漫江漢氷
아득한 평야에는 찬 기러기 울어대네 極望平蕪叫寒鴻
제공들 금석까지 꿰뚫는 뜻을 지니고 諸公秉志貫金石
임금님 바라보며 궁궐까지 도착했네 仰瞻日月臨玄穹
궁궐 문 앞에서 매서운 겨울 보내며 經冬閶闔凜觱烈
낡은 갈옷 서리 쌓여도 두렵지 않네 弊褐不怕霜華籠
존현하는 혈기는 본성에서 나왔으니 血氣尊賢繇本畀
노병이 이따금씩 찾아와 예를 표하네 老兵往往來鞠躬
궁궐 깊고 삼엄해 임금님 뵐 길 없어 九陛深嚴天莫梯
지극한 정성 있어도 전달할 수 없네 雖有至懇那能通
문재 있는 아우는 정말 나보다 나아 卯君有文眞勝僕

해졌다가 남송 순희(淳熙) 12년(1185)에 담주 지사(潭州知事) 반시(潘時)가 옛터에 복원하였고, 그 후 송약수(宋若水) 등이 더욱 확장하였다. 악록서원(嶽麓書院)은 호남성(湖南省) 장사현(長沙縣) 서쪽에 있는 악록산 밑에 세워진 서원을 말한다. 송 태조(宋太祖) 때 창건하였고 송 진종(宋眞宗) 때 사액하였으며, 남송 때 주자와 장식(張栻)이 이곳에서 강학하였다.

136 전당처럼······ 없었네 : 명나라 태조가 『맹자』의 글 가운데 있는 "신하가 임금 보기를 원수 같이 한다."라는 말을 못마땅하게 생각하여, 맹자의 위패를 문묘(文廟)에서 내치면서 맹자를 위하여 간(諫)하는 자가 있으면 활로 쏴 죽이라고 하였다. 형부 상서(刑部尙書) 전당(錢唐)이 가슴을 헤치고 나서며 "신이 맹자를 위하여 죽겠습니다."라고 하였다. 『明史 錢唐列傳』

간절히 상소하여 임금님 마음 돌렸네   囊封感激回天聰

잠시 뒤 소장을 올리라 유지를 내려   須臾頒旨進儒章

오랫동안 바친 충심 가련하게 여겼네   憐爾積久輸歃忠

정중하게 서둘러 하기 어렵다 하시니   鄭重猶施難邊就

임금님께서 돌보심 하늘 공력과 같네   閤闢旋轉侔天功

멀게는 한 해요 가까이는 조석 사이라   遠可歲年邇朝暮

빛나는 충일 우리 동방을 회생시켰네   曒如忠日回生東

마침 양덕이 7일 만에 회복됨을 보니[137]   會看陽德來復七

차제에 점차 서원들 다시 일어나리   次第有漸興儒宮

태평만세 부를 날 다시 보게 되었으니   太平萬歲行復見

머리털 다 샌 것을 한탄하지 말게나   莫恨鬢髮俱成翁

성상 유지에 보답해 경업을 닦아서   報答聖旨修經業

우리들이 받은 책무 다하고자 하네   要盡吾人責受中

먼 길 나서며 이별 회포 그지없으니   蒼茫別意臨長途

거친 골짜기엔 봄 찾아와 온화하리   蕪谷鄒律生和瀜

이번 길에 우정의 중함 잘 알았으니   此行偏知交道重

서로 자손들에게 무궁히 닦도록 하세   互誡子孫修無窮

---

137 양덕이…… 보니 : 『주역』 「복괘(復卦) 단(彖)」에 "그 도를 반복하여 7일 만에 와서 회복한다는 것은 하늘의 운행이다.[反復其道 七日來復 天行也]"라고 한 데서 인용한 것으로, 음양 소장(消長)의 도가 반복하여 번갈아 찾아오는 것을 말한다

송오 권재정 어른이 산천옹[박주종]의 유별 시에 덧붙임
(松塢丈權載斑 足山泉翁留別韻)

정축년(1877) 동짓달에	歲在彊梧南至日
산천옹이 기치 들고 서울 길을 나섰네	舉幡西上山泉翁
공자 사당 앞에 많은 선비들 모였으니	文成廟前多士會
만인 가슴 더운 피 십년 동안 들끓었네	十年熱血萬人胸
이때 고개 길 얼음과 눈으로 험했는데	是時嶺路氷雪惡
힘들여 부축하고 높은 고개 넘어갔네	努力扶顚踰絶崇
두 손에 소장 받들고 궐문에 나아가니	雙擎尺牘躋閶閣
빛나는 상소함 붉은 비단으로 감쌌네	漆函煒煌紅紗籠
의관을 정제하고 정성을 다하는 모습	整肅衣巾容漆漆
궁궐 깊고 엄해도 임금님 귀에 닿으리	九闕深嚴邇四聰
얼어터진 메마른 땅 된서리 내렸는데	焦壤凍裂霜花重
수척한 몰골로 심한 삼동추위 견뎠네	瘦骨緊耐三冱隆
정성과 힘이 모자라는 속세의 선비가	誠淺力薄塵土士
어떻게 구름 헤치고 궁궐에 호소할까	排雲那得籲上穹
세월은 어느덧 흘러 새봄이 되었으니	蒼枏荏苒屬新春
지척의 도성 문이 봉래 길 막았는데	咫尺脩門路阻蓬
영주 땅 신선[138]이 눈 맞으며 찾아왔네	瀛州仙客觸雪來
상소문 지어 아침에 임금님께 올리자	白簡朝入明光宮
절로 임금님 마음 돌리는 힘 있었네	轉幹自有回天力
봄기운처럼 온화하게 윤음 내리시길	恩綸渙降春氣融
일 몹시 신중해 급히 시행 어렵다고	事係至愼難遽行

---

138 영주 땅 신선 : 영주(瀛州)는 도교에서 신선이 산다는 가상의 공간이다.

헤아려주신 임금님 뜻 바로 알았나니	定知商量在淵衷
진심 담은 명은 원래 점차 젖어드니	命物眞縡原以漸
감격하여 말없이 가슴만 쓰다듬을 뿐	感激無言但拊躬
사문이 좋은 운수 만났음을 알겠나니	知是斯文氣數會
미천한 우리 감히 조화의 공 찬송할까	敢言蟣虱贊化功
앞으로 큰 책임이 다시 남아있으니	許大更有前頭責
팔도의 유생들 모두 다 상심하겠지	八域衿紳均是恫
이번 생애에 어찌 성명에 보답할까	此生何以答聖明
지성은 오히려 금석을 뚫을 수 있네	至誠猶可金石通
궁궐 지붕 바라보며 미련이 남나니	瞻望觚稜有餘戀
백수 늙은이 충성심을 금치 못하네	白首難禁狗馬忠
석 달 동안 우리 속에 매어 있다가	三朔繫在樊籠裡
동문으로 길 나서니 짐 털어낸 듯	路出靑門如發蒙
무엇보다 몰래 무한 감회 이는 건	最是隱俟無限感
내일 아침이면 동서로 헤어지는 것	分手明朝各西東
돈화문 앞 월대 아래에는	敦化門前月坮下
지난 행적 앞으로 설홍[139]처럼 남겠지	往蹟他年留雪鴻
서툰 시로 어떻게 내 마음 전할까	詩拙詎能輸廩困
생각하는 마음만은 서로 알아주겠지	片犀只在相思中

---

139 설홍 : 원문 "설홍(雪鴻)"은 눈 위의 기러기 발자국이라는 뜻으로, 곧 일이 지난 뒤에 남은 흔적을
비유한다.

궐문 앞에 부복할 때 부질없이 율시 한 수를 지어 수위 어른께 드림
(伏閤時 漫成一律 呈首位丈)

구름 젖히고 날마다 성신에 올라가서[140]　　排雲日日上星辰

헤진 갈옷 겨울 동안 먼지만 쌓였네　　　　敗褐經冬着軟塵

꼿꼿이 서있는 다리 근골이 왕성하고　　　　竪脚堅牢筋骨旺

자상히 심금 논함에 마음가짐 새롭네　　　　論衿仔細肺肝新

따뜻한 봄볕 어느덧 궁궐에 피어나고　　　　靑陽冉冉生淸禁

붉은 해 뉘엿뉘엿 저녁 궐문에 지네　　　　紅旭遲遲下夕闈

궐문 앞 한껏 아뢰고 신시에 나오니　　　　劇報門前申牌出

그래도 양심을 궁지기에게서 본다네　　　　良心亦也見闇人

〈장의(掌議) 권재정(權載珽)〉

한아름 상소함 안고 누차 대궐 보낼 때　　一抱琅函累送辰

홍진 세상 그리워 서성인 건 아니라네　　遲徊不是戀紅塵

새벽 꿈속 고향산천엔 매화가 피었고　　鄕山曉夢梅花發

봄 햇살 궁궐에는 버들가지 싱그롭네　　禁苑春光柳杪新

대궐에 달려가는 벼슬아치 생각해보고　　正想蟬貂趨殿陛

성문에 우는 고운 말들 부질없이 보네　　空看珠馬咽城闉

그대여 대궐에 호소 괴롭다 하지 말게나　　煩君休說叫閤苦

함께 둘러앉은 유생들 모두가 벗들이니　　匝座衣巾盡故人

〈황난선(黃蘭善)〉

140　성신에 올라가서 : 성신(星辰)으로 올라간다는 것은 임금이 계신 가까운 곳으로 올라간다는 뜻으로 대궐에 나아간다는 뜻이다. 두시(杜詩)에 "성신으로 올라가자 신발 소리를 들었네.[聽履上星辰]"라고 하였는데, 그 주에 "성신으로 올라간다는 것은 황제와 가까운 곁이다."고 하였다.

성대한 시대 보답할 길 없었던 유생들　　　　　儒冠無路答昌辰
거듭 상소함 안고서 고향 속세 나왔네　　　　　重抱封函出世塵
천리 구름 속에 기러기 울음 사라지고　　　　　千里叫雲踪跡阻
하늘 가득 달빛 보니 새해가 되었다네　　　　　一天看月歲華新
남쪽 집에선 눈 속 매화 소식 오지만　　　　　雪梅消息山南屋
한강 북쪽 궐문에서 벗들과 종유하네　　　　　雲樹從遊漢北闉
어제 밤 봄바람 불어 기러기 지나가니　　　　　昨夜東風吹雁過
고향으로 돌아가고픈 사람만 하겠는가　　　　　不如歸去望鄉人
〈안호연(安浩淵)〉

가까스로 애써서 궁궐 향해 달려와서　　　　　九閤將將拱北辰
한 해 넘어 상소하니 소장엔 먼지 이네　　　　　經年封事紙生塵
영남 지방 매화 소식 봄빛이 일찍하고　　　　　嶺梅消息春光早
말끔한 궁궐 버들 해 그림자가 새롭네　　　　　禁柳精神日影新
하늘의 뜻 응당 다시 회복되는 법인데　　　　　天意應須來復理
미천한 정성 구중궁궐 닿을 길 없네　　　　　微誠難徹隔重闉
이별하는 정자에서 남쪽 돌아가는 기러기 부르니　離亭喚作南歸雁
모두 깊은 석별의 정 나누는 벗들이네　　　　　惜別深情摁故人
〈진사 이병상(李炳商)〉

십년을 경영하던 일 이때야 실행하니　　　　　十載經營適此辰
도성 천리 길 험한 진흙 길 넘어왔네　　　　　洛城千里涉泥塵
한 해 동안 진심 담아 소장 확정하고　　　　　儒章閱歲誠心確
추위 겪은 기덕 어른 기력이 새롭네　　　　　耆德經寒氣力新
봄기운 응당 임금 계신 궁궐에 빛나고　　　　　春意也應光北闕
석양은 끝없이 서쪽 궐문으로 지네　　　　　夕陽無限下西闉

옥대 차고 금관 쓴 신하 한 번 보니 　　　試看玉帶金冠客
마음속 의리 몇 사람이나 품고 있나 　　　義理心肝幾箇人
〈채귀해(蔡龜海)〉

우리 동방 의리가 북극성을 향하니[141] 　　　義理吾東拱北辰
남쪽 유생 일제히 도성 길 올라왔네 　　　南儒齊涉踏西塵
십년 훌쩍 지나 선현 사당 버려졌고 　　　十年倏忽賢祠古
넉 달 동안 이어져도 사기는 새롭네 　　　四朔支離士氣新
죽을 각오 굳센 마음 임금께 전달하고 　　　受箭勁心通殿陛
성심으로 호소하여 대궐문 움직였네 　　　叫閽誠力動城闉
외람되이 장로 따라 말석 참여하니 　　　猥隨長老參筵末
모두 천리 고향 그리운 사람들이네 　　　千里嶺雲一樣人
〈송재관(宋在觀)〉

불행히도 우리 사문 땅에 떨어진 이 때 　　　不幸斯文幾墜辰
유생들 큰길 먼지 속 부복해 호소하네 　　　諸儒叫伏十街塵
억울한 사람들 마음 옛 시절 생각하고 　　　輿情抑杗思仍舊
넓은 성상의 뜻 새로 고치시길 바라네 　　　聖意恢弘願改新
비로소 살 파고드는 기한을 느끼는데 　　　始覺飢寒猶切膚
어찌 이 눈바람 궁궐 넘을 수 있겠나 　　　那堪風雪隔重闈
응당 비답 받고 고향으로 돌아갈 땐 　　　也應承批尋鄉日
교문에서 경청하는 사람들 수만이겠지 　　　聳聽橋門計万人
〈황낙현(黃洛鉉)〉 추차(追次)

---

141 북극성을 향하니 : 뭇 별들이 마치 신하가 임금을 공경하듯이 북극성을 중심으로 선회하는 것을 말
　　한다. 공자(孔子)가 "덕으로써 정치하는 것이 비유하자면 북신이 제자리에 있으면 뭇별들이 그곳으
　　로 향하는 것과 같다.[爲政以德 譬如北辰居其所而衆星拱之]"라고 하였다. 『論語 爲政』

파록爬錄

○ **소수(疏首)**

유학 박주종(朴周鍾) : 자 문원(聞遠), 계유(1813) 생, 함양인(咸陽人),
예천 금곡(金谷).

○ **장의(掌議)**

유학 권재반(權載斑) : 자 진규(搢圭), 계유(1813) 생, 안동인(安東人),
안동 유곡(酉谷).

유학 정경우(鄭慶愚) : 자 퇴이(退而), 경진(1820) 생, 진주인(晉州人),
상주 기산(箕山).

유학 최태수(崔泰壽) : 자 성휘(聖彙), 경진(1820) 생, 경주인(慶州人),
경주 교촌(校村).

유학 최완술(崔完述) : 자 치가(致可), 계미(1823) 생, 경주인(慶州人),
대구 지묘(智妙).

진사 정건화(鄭建和) : 자 치극(致極), 병술(1826) 생, 청주인(淸州人),
성주 지촌(枝村).

○ **소색(疏色)**

진사 장우원(張祐遠) : 자 우겸(羽兼), 무자(1828) 생, 인동인(仁同人),
인동 신곡(新谷).

유학 이만정(李晩正) : 자 계연(繼淵), 경인(1830) 생, 진보인(眞寶人),
　　　　　　　　　　　예안 원촌(遠村).

진사 류도기(柳道夔) : 자 장일(章一), 경인(1830) 생, 풍산인(豊山人),
　　　　　　　　　　　안동 하회(河回).

유학 조유환(曺有煥) : 자 기문(其文), 경인(1830) 생, 창녕인(昌寧人),
　　　　　　　　　　　영천 지일(知日).

유학 손상수(孫相秀) : 자 준가(俊可), 을유(1825) 생, 밀양인(密陽人),
　　　　　　　　　　　밀양 교동(校洞).

진사 권형하(權絅夏) : 자 경숙(景叔), 계사(1833) 생, 안동인(安東人),
　　　　　　　　　　　예언 소저(小渚).

○ 제소(製疏)

유학 황난선(黃蘭善) : 자 동보(同輔), 을유(1825) 생, 장수인(長水人),
　　　　　　　　　　　상주 안평(安平).

유학 장진석(張鎭錫) : 자 강언(康彦), 기축(1829) 생, 인동인(仁同人),
　　　　　　　　　　　영주 금강(錦江).

유학 최세학(崔世鶴) : 자 우석(羽錫), 을유(1825) 생, 경주인(慶州人),
　　　　　　　　　　　경주 가암(佳巖).

유학 권상목(權相穆) : 자 영일(英一), 임자(1852) 생, 안동인(安東人),
　　　　　　　　　　　안동 유곡(酉谷).

○ 택소(擇疏)

진사 이종태(李鍾泰) : 자 대이(大而), 경진(1820) 생, 고성인(固城人),
　　　　　　　　　　　안동 법흥(法興).

유학 안호연(安浩淵) : 자 맹연(孟然), 정해(1827) 생, 순흥인(順興人),
　　　　　　　　　　　순흥 광록(廣麓).

○ 사소(寫疏)

진사 이중두(李中斗) : 자 운경(運卿), 병신(1836) 생, 진보인(眞寶人),
　　　　　　　　　　　 예안 하계(下溪).

유학 권상기(權相琦) : 자 경일(擎日), 신축(1841) 생, 안동인(安東人),
　　　　　　　　　　　 안동 유곡(酉谷).

유학 김서림(金書林) : 자 낙여(洛汝), 임인(1842) 생, 의성인(義城人),
　　　　　　　　　　　 성주 사월(沙月).

유학 서상건(徐相鍵) : 자 공건(公建), 계묘(1843) 생, 대구인(大邱人),
　　　　　　　　　　　 순흥 사천(沙川).

유학 박의집(朴義集) : 자 양직(養直), 병오(1846) 생, 함양인(咸陽人),
　　　　　　　　　　　 예천 금곡(金谷).

유학 이종우(李鍾禹) : 자 대연(大演), 정미(1847) 생, 우계인(羽溪人),
　　　　　　　　　　　 순흥 사제(沙堤).

유학 김헌규(金憲奎) : 자 문술(文述), 기유(1849) 생, 의성인(宜城人),
　　　　　　　　　　　 순흥 문단(文丹).

유학 채귀해(蔡龜海) : 자 낙응(洛應), 경술(1850) 생, 인천인(仁川人),
　　　　　　　　　　　 대구 미대(渼垈).

○ 배소(陪疏)

유학 박수오(朴秀五) : 자 맹오(孟五), 정해(1827) 생, 밀양인(密陽人),
　　　　　　　　　　　 청도 신지(薪旨).

유학 김수연(金壽淵) : 자 기원(箕源), 무자(1828) 생, 연안인(延安人),
　　　　　　　　　　　 영주 두암(斗巖).

유학 허곤(許錕) : 자 치강(致剛), 무자(1828) 생, 하양인(河陽人),
　　　　　　　　　 하양 사촌(沙村).

유학 박우영(朴祐永) : 자 인언(仁彦), 경자(1840) 생, 밀양인(密陽人),
　　　　　　　　　　　 밀양 현포(玄浦).

○ **관행(管行)**

유학 최세매(崔世邁) : 자 영부(英夫), 갑오(1834) 생, 경주인(慶州人),
경주 가암(佳巖).

유학 이경선(李景善) : 자 서운(瑞雲), 갑오(1834) 생, 고성인(固城人),
청도 유호(柳湖).

유학 강준영(姜濬永) : 자 사현(士玄), 무술(1838) 생, 진주인(晉州人),
칠곡 상지(上枝).

유학 송재관(宋在觀) : 자 광국(光國), 경술(1850) 생, 야성인(冶城人),
순흥 도봉(道峰).

유학 김우석(金佑奭) : 자 맹훈(孟勳), 계축(1853) 생, 김해인(金海人),
청도 자계(紫溪).

유학 백동호(白東浩) : 자 진언(震彦), 갑오(1834) 생, 부여인(扶餘人),
양산 가촌(佳村).

○ **도청(都廳)**

진사 이병상(李炳商) : 자 자정(子靜), 경인(1830) 생, 진보인(眞寶人),
영주 신천(新川).

진사 권세연(權世淵) : 자 조원(祖源), 병신(1836) 생, 안동인(安東人),
안동 유곡(酉谷).

유학 이능벽(李能璧) : 자 온수(溫叟), 기축(1829) 생, 여강인(驪江人),
경주 양동(良洞).

진사 장석후(張錫煦) : 자 회백(晦伯), 무술(1838) 생, 인동인(仁同人),
인동 각산(角山).

유학 손재귀(孫在龜) : 자 주현(周玄), 신축(1841) 생, 밀양인(密陽人),
밀양 다원(茶原).

○ **봉소(奉疏)**

장우원(張祐遠)

이병상(李炳商)

○ **독소(讀疏)**

권세연(權世淵)

이중두(李中斗)

○ **직일(直日)**

유학 김도영(金度永) : 자 형일(衡一), 정미(1847) 생, 의성인(義城人),
　　　　　　　　　　안동 해저(海底).

유학 박현승(朴顯承) : 자 주서(周緒), 무술(1838) 생, 무안인(務安人),
　　　　　　　　　　순흥 화천(花川).

진사 이선하(李善河) : 자 순일(舜日), 병오(1846) 생, 경주인(慶州人),
　　　　　　　　　　예천 용산(龍山).

유학 김조균(金祖均) : 자 종원(宗遠), 계묘(1843) 생, 안동인(安東人),
　　　　　　　　　　상주 보촌(保村).

유학 박두진(朴斗鎭) : 자 건칠(建七), 경술(1850) 생, 함양인(咸陽人),
　　　　　　　　　　예천 금곡(金谷).

유학 박희수(朴禧壽) : 자 영휴(永休), 계묘(1843) 생, 반남인(潘南人),
　　　　　　　　　　영주 반곡(蟠谷).

유학 채규식(蔡圭植) : 자 경용(敬容), 계축(1853) 생, 인천인(仁川人),
　　　　　　　　　　상주 현촌(縣村).

○ **시행(侍行)**

유학 박화진(朴華鎭) : 자 숙관(叔觀), 정사(1857) 생, 함양인(咸陽人),
　　　　　　　　　　예천 금곡(金谷).

○ **공사원**

유학 이만정(李晩正)

유학 이능벽(李能壁)

○ **조사**(曹司)

유학 박현승(朴顯承)

유학 김조균(金祖均)

유학 박희수(朴禧壽)

유학 김도영(金度永)

○ **포진유사**(鋪陳有司)

유학 박현승(朴顯承)

유학 김도영(金度永)

유학 서상건(徐相鍵)

유학 김헌규(金憲奎)

유학 이종우(李鐘禹)

유학 채귀해(蔡龜海)

유학 박우영(朴祐永)

유학 박두진(朴斗鎭)

유학 채규식(蔡圭植)

유학 송재관(宋在觀)

유학 박화진(朴華鎭)

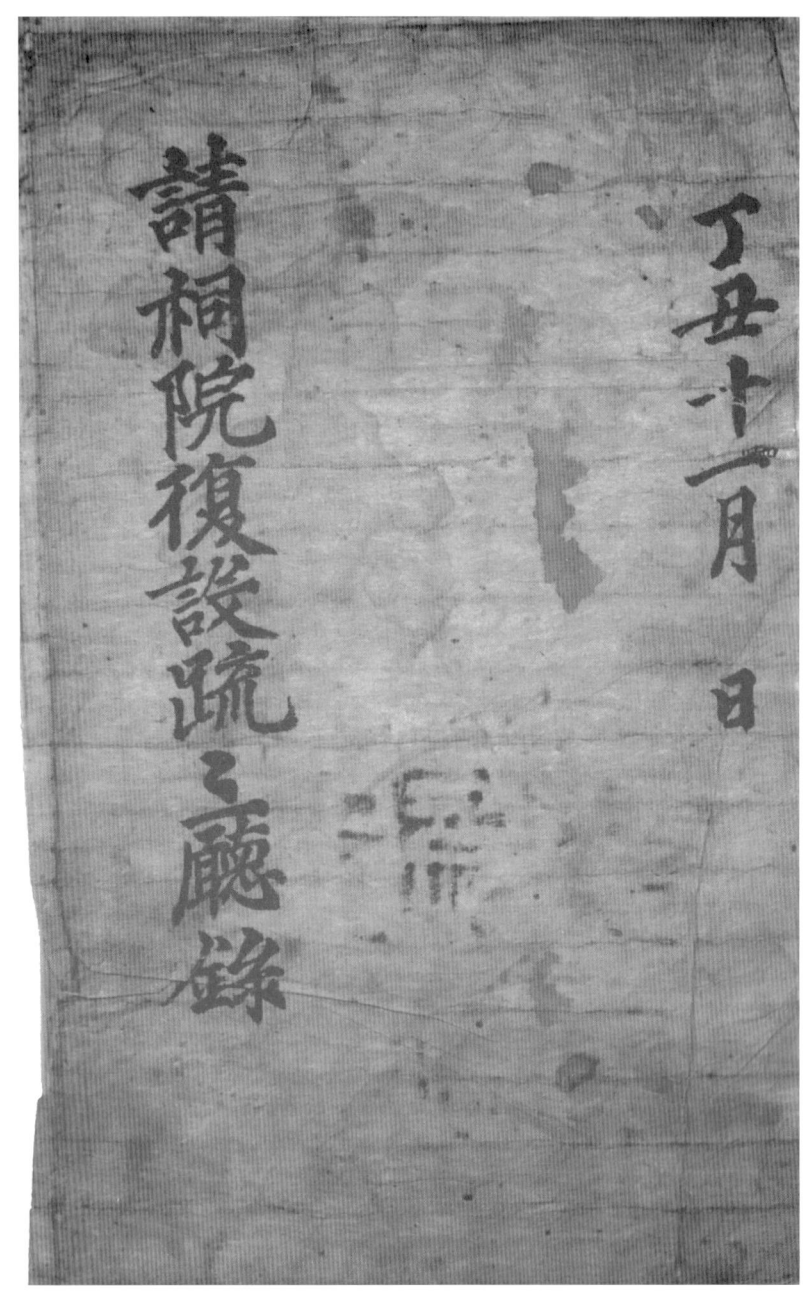

丁丑十一月　日

請祠院復設疏廳錄

『請祠院復設疏疏廳錄』원문 자료는 영주 소수박물관 소장 자료로
소수박물관의 이용 허가를 받아서 수록하였다.

2

祠院請復疏二廳日記

丁丑五月晦自安東乃城聯簡于曹林書辭意大槩以為社自辛未夏上號坐還之
侵吾林之隱痛茲恨于今千辭星庸失兄羣燕卒所在與鄕隣長瘤次第澗憂焉
今日後生者瞭眈不知為會稽斷補之何樣威儀撙讓進退之為何等物事而趍向且壤
斯道日孤則吾儕之不先不後而遭此無前之憂者庸於始戒黙以後遠謀色于事而威否
共付畧之一番耳聞乃今員之不容可己者然重其之事不可擅便於一方自費中槩
通庭會者爛議同事之地幸甚

七月初四日自曹林田論面中定堂會于處潭蓋因川城書章岑尊文鄕會之故此〇十
五日面中長老齊會于龜潭凡四十餘員僉議效弐以為此事之至今躇跌不勝慨然
苓川城聯札如足其間我水是以二十六日定鄕會于棸報
堂溪通四處盖席溪三溪屏山等地附近面則自其席文蕭之違辭起于通求
〇二十六日鄕中長老及各面儒生齊赴于鄕會所會席甚圓滿而但辭門面無一人來來
者左同之議必無具同而亦無邦憨矣〇子旨閘產于棸報塗恭座者多至五六十員庭上
論議初不無歧或以之端而或以為方今子乃廛資送無涉不可不少哭邦城以敷方事乎
金載晤照以八月二十九日庭道會于義城鄕枝出裝鳳通各數三員通那具豊榮以上
則自三溪當之尚善丹晉永慶諸邑則自曹林當之〇二十八日朝罷會仁校通文來到錄

意其川城書無異可見遠通東晃之所同矣○八月念間轉聞當初邑障鄉通之進所
此以二十六日為二十九日突寫通者之偶失而由是而屏河一面漸里牟激無意響全三○
二十九日之氣陰霾風勢大作遠通赴會者行李甚艱不勝恐恐是日定各邑所了
義城校村○九月初一日開延于光風樓卯谷權泰判湖上生來肯兩會恭首席鄉
道儒生多至數百員任員則曹司金綱輝孝章蓮中義陸東祗張錫照金壽
撲金豪鍾崇八十九員公事權連夏張福栖鄭來錫酉谷權文必首聖萬坪定奉
在基統首惰三聖幼學權連夏趙彦英張祐遠鄭慶昌柳道惠李
萬儒生黃在誅疏下肥錄因通輪道丙以十月二十九日定病行道會于順
與紬修書陵或以若當此裏程千里暴延事觔末由不如退待明春特論甚困而全
誠竟欠全矣○初二日修定肥錦癸各邑通文製通李鍾恭黃在英寫通而若干員
○十月二十四日酉谷權上合世洞前期八紬辰其門內及本鄉儘修刻期治疏道會
前流中名恆寫已過半矣○二十作安東席溪通文自三溪未到其意酬蓋以佯退君
去遣辭多不滿人意慶其向日論議相殊可嘆之○于九日紳院會員鄉道僉報
三百當此窮佯日氣頻溫遠方赴會者得以無事可幸酉谷首席三單未到多至
顯聖之情不無澳散之慮矣○晚日定送還單儒生進坐門大成周永二員乃多拳
單入西谷道儒未赴者又為若干人○初一日還單儒生自酉谷還首席患濱万幸可

孫之勢可悶冊城一員以直抵漢城之由呈單于就廳○初二日微雨終日聞寧儒生以

開座事至有悖擧稱情燥而客或差怪而其見罵於人亦可笑也○初三日兩歇酉刻

權上舍交夫秉着入院○初四日開座于明倫堂帝曹司鄭星洛李炳眞權相希呂

錫武徐相鈺益事員金奎永成同永黃蘭善曹有煩之事員出座後議論矣矣

一退以爲席溪通文有姤於首席不可遽廳且首任遽候益不如復常後

吏定道會云而持輪世激盖以呈皮膜而亦不無所執非金議不合期於改薦金奎

永以呈事員起座屛阿諸儒亦隨而起于後更薦首座于金奎朴文夫周鍾盖松

相森蔡金於抒河上首議柳道性單子采○初五日李潤聲以請座儒生往金方○初六

權上舍大沙首席伯民歷座無姤於隆薦以呈出單來鶴通云訥刊邑午後奉薦儒生權

日儒生二員自金谷還傳言首席差兩單而所婿還單以八九日間出座云○初七日兩雨終

遠適上京儒生及餞行諸員相徙來到稍有敬事三座半後務通于虎溪陶山及義城鄉板

又移通于咎屬晉州着通來到以爲遠赴會事斬釆由自其鄉定送儒生于漢城爲祀任

一初八日自掌議以下開座于明倫堂薦出首掌議酉谷權大載起困抄出上京佚

数十員以送○初八日首席出巡行相揖禮開座以十員定薦行行日子曹司金方○初十日金谷首席秉

生不出凾裁二十一日首席出巡行相揖禮南座以十員定薦侯生于金方○初十日金谷首席秉

善入院二十一日首席出巡行相揖禮李眳正李能歷困疤錄上京任員○十二日惇擇流○董氏

震夏金德輝孫在趙之事員李眳正李能歷困疤錄上京任員○十二日惇擇流○董氏

5

四本而其一則首席所製也一則金乃首席所製也一則黃蘭善所製也一則崔世鶴所製

也酉谷之本雨濱而婉轉金乃之本簡重而詳備二本皆連畫圓滿琉下皆云莫有取捨首席

永夜挑燈躬親擇定因以酉谷之帖為正本而間或有片云正其圈色勝於八十二百早朝亦云之人

拾一本紙花團所廳間近花都廳所兩月日下書屏山會中四字辭藝兩頻寰慢都廳一人逐亦

受痾之餘後抄校理周事辭去蓋藝目而居餞行而末來者也旣受而坐次更為修書亦但云

函並忽聞列邑儒生有陳獻之意云四其理詩剏抄校理書中有歸重額院之故夕逸向前之卦之蔼

琉儒生權相待[馬流]本一通字畫甚楷正可南此二十曾乙丑終日陰晴踉院封面書臨川會中

大縣蓋以明日將封函滩并之也多齊直一云又荒得一小延進于都院所封面書臨川會中

出畀乃之而近員其辭首與其所謂屏牌府着大略相似蓋其兩牌皆出乃在傍戲軍之者所

為而僞托屏諂兩院其情妙尤為悶忽公世愛良覽惠忘弟不齊之口五相憚騰衆心難一紛

紜未足刻期該事之地沮撓甚可憫乎孙簡株之論輯于首位歷中之一間不予穿有院我一个

吾內重晴朝市自早議以下進僕有任之因說兩牌辭而顏色不動乳歐甚面與其規之不小節垂寧

任悟劣力大事夫豈為多少不正之說所沮歐却有言剏退禮乳歐甚面與其居鎮犀珠

伸方義在天下拜氧襲歐不少沮挫苟非五十年橫徑講義之庭力董然如是却其居鎮犀珠

養衆心果何如哉可欽高可仰也餘後閒座于明倫堂者任伝中堂序議以下序立行相揖禮

展席設卓于堂中南向奉疏本于卓子上進士權世洞大聲讀一遍訖裹以紅袱安于匣中鑰
其外席其支更奉于卓子上環立而行拜禮畢命一丁擔之而出庭出陪疏一負隨其後首位
以次出暮抵豐基邑店舍善其邑小於北傳舍難容一行甚艱楚是日行三十里○十六日
而晴飯後行同張上舍祐遠趙尚進至其誠甚不啻也風寒猝劇長老行李不能無戒惧之私
勢難終日觸冒止宿于水鐵橋是日行十五里○十七日戊辰晴飯後發行踰嶺行中僉數
十員或先或後而裡裝或前進而緩程俱非當日約束之本意而細究其各人曲折則亦無怪也的
準在於排雲時闕則且行色之寥星亦何妨於本事耶午點于邑伊於暮投于長林驛止宿
是日行三十里○十八日己巳晴行中製疏儒生黃蘭善文士也其職御諸為仍托韻語多唱酬與
雅有作者意可觀也飯後發行午點于由橋暮抵帳後緣江十里石磴甚艱關是日行三十里
○十九日庚午晴飯後踰雞鳴嶺風逼骨大妨行李五步一憩午點于德山店夕投于西
倉是日行三十里○二十日辛未晴早朝醴泉下隸負公費而來飯後郞為發行至教
里有斫氷釣魚者買得數三尾味甚濃泊後禮安崔明植中路歷訪其意則甚款厚
也緣江沿途有難行李暮抵忠州邑仍爲止宿是日行四十里本邑洪永述來訪○二十一日雨
而復陽早發至北倉十里之地江水中分一邊成氷一邊行舟篙工水師方在於越村未到行中
數三丁適知水路行舟艱關利涉午點于河蕭店午後又渡江而風寒甚酷寶難遠赴夕
投鳳凰來止宿是日行四十里○二十二日癸酉晴行至龍堂後行姑未到故仍爲止宿是日行二十

7

里首位賜疏本亂草使金度永吏房正書△二十三日甲戌晴早發至長亭園日力猶有前
進之望然多率留宿之道無過於此故姑為止宿李炳禹李晩正李中斗安陪洞來到是日
行三十里△二十四日乙亥晴至梨木亭十里之地首席偶以甚症委臥店舍此必是向西觸寒
之致煎湯連服小有向減然有難行後故未能前進而諸員則以店室之窄先投對溪二十里
之地止宿△二十五日丙子晴早發至鉢幕午點止宿于利川邑是日行四十里△二十六日丁丑霽早
發至因酒卧午点後即投鵝嶋止宿是日行六十里△二十七日戊寅凍雪山積有難行李故
一日留宿而步行前進員李衡株芝南熙順與儒生宋在巖來到△二十八日己卯大雪亦
前日快晴無期故飯後一二分發行順與儒生金獻奎于時來到聦鏞并進午點于加平
吏登氷程轎丁行馬實難捷延艱到松坡止宿是日行四十里△二十九日庚辰晴早
朝風勢平穩利涉兩江而入城之際使進士權世淵策馬先入泮中定舍館故也進
士張錫熙留待東門外其誠可做大事也直走泮村止清洞以爲舍館也大坪柳監察
止鎬幼學金壽洞姜瀞永進士柳道夔金揮燾一時來見是日行三十里醴泉儒
生朴義集尚州校生蔡圭植追到△十二月初一日辛巳晴諸員各定舍館即發通闗
發之故此陳李進士中斗吏書疏草副本張進士祐遠招致東齋下隷出定疏廳于闕
門外又使諸員各有定所其誠意則可做大事也進士鄭達和幼學金壅庠金正言弘
奎朴正言鳳煥安正言祐遠張承旨錫龍崔都事晩熹李承旨晩耆李校

理徒華孫佐郎相駿李正言晩鉉朴進士鐘文幼學朴義教一齊來見午後順興校
生朴顯承徐相鏈李鍾禹作談于大松川晩後來到是日留宿于山清洞 ○初二日壬午
晴飯後往權世洞出廟外以定都所而午前奉疏函前進日力已盡伏閤事退定于
明日早朝而舍館有難開闔故諸員各定私主人使之休息以伏閤時齊會以爲定約
都所即雲臺員房切近之地是日止宿于此館 ○初三日癸未晴各處諸員紛紛來會于敦
化門外奉疏函于卓子上自首位以下序齒齊俯者至四十員未幾自政院遣吏命上副
本以有廢缺之壁耶姑未知未來事機之如何而乘暮退定于舍館伊日早朝柳希奉
寅睦進士鄭建和柳道夔金輝璘來見 ○初四日甲申晴 鋪陳有司朴顯承孫在垠并
進空席自首位以下次第登程柳道夔鄭建和金輝璘一齊來到至于伏閤是日會員
四十餘人 ○初五日乙酉晴 鋪陳有司朴禧壽金慶初朴禧壽在外未到蔡圭植早
從空席坐次又於前日進士朴鐘文來見所傳南村午人之論嶺疏以上當時吾儒相議
此事而兩此疏出且以前日請還大院位之疏今日祠院請復之疏前後義理大有
相反云朴進士所答前事是義理也今日事是義理也則此言美矣而至于若甚
醜丈老事寧難排遣軍门一先丁來告庭下曰有何事機而於是甚苦耶以爲從
院之事軍卒莫不嘆尚遂命下執一名馬夫二丁擬席而歸是日崔都事晩喜來見
○初六日丙戌晴鋪陳有司李鍾禹蔡圭植以鳳城姜福禹鄕都廳之出定邀送之兵

9

告歸△初五日乙卯晴伏閤星州儒生金書林兩沿洋中巳至六七日似涉時冷云不勝悶望
申退△初六日丙辰晴雲寒朝首佐大署遲留錄付家書備言近日錄事之△事詧撤柱
以稿樣吳公祠廟往坡州崔孫相秀歷訪許判書傳許住少逃事之冬事詧撤柱
加長同形於色辭云申退△初七日丁巳晴伏閤申退△初八日戊午晴伏閤△費不足命
夫輩使令林石鴻招致本道儒生未到諸邑即吏通其邑大小分付以費錢中退△
初九日己未晴伏閤使宋在觀寫列邑通文及私通諸事△樂川儒生張鎮錫以殺
告歸順與儒生李鍾禹有閤歲觀庭之思呈書于流廳而歸申晴
伏閤是日百信進賀東香而退申退△十一日辛酉晴伏閤申退△十二日壬戌晴伏閤安
善禧遠未見申退△十三日癸亥晴廢議廢州崔恭壽有不得已之際故告歸申退
今日甲子晴伏閤安東金泰書于鎮未閤申退△十五日乙丑晴伏閤諸生或有言
伏閤往歲高無處分不知末稍之如何不如歸廳退歸云之權進士世淵以義鎮首告
林之事無一言申退堂為士者之道乎且一觀之下終必有處分此明義廳中以此自定更
血味二云論吳申退今十六日丙寅晴伏閤班料于伏閤諸生是日設人日科于成均館
絲廳付花諸儒進議不得觀光吳申退△十七日丁卯晴伏閤△初八日及弟闢煥翼初試
貫格亦若干人莆夕蜜日有月食之變嗚金邦寅吳申退△十九日己巳晴伏閤申
料柴菜伏閤諸儒無一人零縮吳申退△二十日庚午晴伏閤

栢本道界首夫人眼同邸吏分付以貴事申退以二十日辛未晴佐闢間慶初拿李沈湘
義幸見曰我即北村沈相薰之四寸也有月留此闢同道之累朔經年一間雖連匯而無見牽
相其將發以無不極言統事之遲遲過此又於向者諸會北村寧相子弟無不圖會余又發
此說曰嶺南儒琉之閱月徑歲為無處於其誠可佳而憂問不可道此良久領關字弟李
待教載號誉曰此言之察為為聞當有處多云之觀其物意實有
夜動之勢癸申陰以二十二日壬申陰早朝醒泉朴修撰周雲未到以修伯氏帳布
儒生權進士綱夏李進士善河連進迓休之計矣伏闢朴修撰以儒琉閱盡之情矣
疏之意此申退以二十三旨癸酉陰依闢朴修撰命政院使令封疏章大政院中退于時朴修
申退以二十四日甲戌晴早朝朴修撰依政院使令封疏發草極言閱之情矣
雲封琉以啓下 批曰儒琉事當有 處分矣月是斤中歐國以為朴修撰大有光彩
儒林而有茲當此矣即夕八道琉行有司鄭元錫趙彰夏僅特南草二斤修候
柞琭斤而因言以頷琉先發義幹俱膺生等之舉即從叄琭趨下風而護挺云之坐
諺移時供酒能禮待而送之以二十五日乙亥晴是日即百官進賀之朝此早朝下
傳曰省疏其悲此豈遽為之事乎爾等退修學業以二十百丙子晴以三十七旨丁丑
儒疏奉八令疏首奉疏八政院使權世淵讀疏畢
晴以二十八日戊寅晴掇廳還鄉

疏本 酉谷頤□

伏以臣等俱以草野賤品名係儒籍所誦習者儒教也所專其者儒賢也所依歸者儒宮也

先王之所以建學造士陶鑄治化者郎是具也先正之所以倡規設教啓牖後人者郎是道也後學之

所以奉承先師之教而自勉於莊修講誦之業以爲王國賓興之本者郎是物也外此無他術通世級

漸降風教寢微俗學末藝鮮未能一遵古制而尚可以從事者鄉序庠序之間眼服家戶行

儒行是臣等之臟分豈耳才方今聖明在上治教隆洽其勵世磨鈍之方日有莝花儒道作今花

而乃者 殿下慮末俗之滋興徵濫祀之稷穰申降嚴旨一併毀撤固知聖意周詳撙蓋因

時有此不得已之處分聖諭在列聖之所以尊尚先賢命祀典章而釋牲韓也如是其至隆

勸獎髦士須经籍而廉恥字田也如是其至厚而今乃一朝而遂廢使屢世虔奉之灵無所栖

托匹域冠裕之流無所遊追則吾道之正脈隆矣國家之元氣索矣臣等驚懷出入傷

書盡而非罪觀天道之霜雲兩霙無非教以閭開有斷愛通有時無往而不復者乃自坒之席理

故頃枝而辛未夏晉一冒昧號籲顙冀撤痕瘢而天門嚴邃微烟莫其茌莆而遂止者已有

年于茲矣臣等敢謂朝家之寫此舉也豈不以蠲豊警語穎之方郎此十年之間未見其驅

無補於公家無益於生民以至軍府之用鄉邑之政無一便宜而日見風俗壞敗積盍之症懷莫

訴之恨前日閭旅其譜殂禮法之地者老者已死存者已老將至於日遠而月忘故茲蓬蓽千里

15

前進請一言而死惟　殿下留神澄省為區等伏見當日判下曰三代之時未有書院夫書院

之名雖出於後世而其制則實出於三代之隆盛有郊野小學之宮有黨庠序塾之規而

其祭法曰法施於民則祀之以死勤事則祀之以禦災捍大難則祀之能禦大

災則祀之樂祖赴績宗之祭不徒太學為肬而里塾之左右師黄不受其氣頹之享所謂鄉先生歿

而祭於社者是此降自漢唐祭儀益備考諸圖誌班々可見而建夫有宋之摩興迄于一治

之會因南唐之舊而為書院尊祀先賢之制名臣碩儒之可為師表者所在立祠至濂洛閩

閩傳道之大賢則無邑無祠或一邑累說如是建寧之有朱子祠欽降祝文著為

令式至于皇明尤有威焉見於一統志者是矣洪惟我國朝以道為治聖神相継教化

休明真儒輩出道術丕闡制度典章一倣中華而命祀之典選士之規燦然方備書院之

與始於嶺南遍於八域而其所以尊祀著者祀捷之元臣儒林之宗師亦有忠烈殉國之

士風節勸世之倫錐流澤之垂世有久近功利之及人有淺深而皆使學之所備欽宗朝家

之所當褒異者此教威特命之祠或因士林陳請或花有服享而不之禁自萬曆曲之士

際至宣仁孝之世囤教四達內自嶺甸外薄海堧莫不有學數百年間錐鄉曲之士

名有尊尚名述源流而其本頖則一皆依歸於儒門所宗者濂洛閩之學此所習者

道德仁義之說此無有左道異說浸滛之瑞則斯立沖書院作與之方咸有威法靈

耶且以嶺南而言之當大東休明之會而名世之吳應運而作前朝濟廬之四賢本朝

倡道之舉哲皆環一道而挺生為以郭尊之稱重於一國而若其建院設教之法實先師

文徒名臣李之所定此列邑倣而行之區域所多皆有尊奉之地而教化所及异被奬廟之

典表章之屬歷世愈隆亦有未及陳請而為厥享者其品或禮教備簡雖殊而

有補於風教則固無間焉遺老宿師之所教授新進後生之所誦洗又非是而觀感焉

雖此影響寢食之日所禮制文物猶有可徵者且其所謂院規者守護拙之遺法通貫

朴之舊制八院之生徒雖非古者此之於登區之選而類多鄉黨自好之士剛夫為有游養賠

▪程朱又以邪教之獨不柔於嶺南發雲章致侑先正之廟菴海山鄉社之間講誦相聞家之詩禮人

之典聖豈惡如是者誠以先賢啟迪之功猶有遺澤而后人風勵之道自有其万故耳

詩曰不愆不忘率由舊章傳曰親賢樂利浚世不忘陛下之所儲述者先王之威憲此臣寺

之所奉守者先王之典典此夫洪無久而不廢者愛而通之亦随時之宜近來儒風不競俗

不但儒林有謝之所憂嘆而亦聖王所當教言勵者也其矯革更張當其無道而今乃至

求一切毀掃所在陽些陛等輒已猶有臨閔集本方自高自於之不暇而茅以為書院之

士果有生弊之端則是罪在术儒生此其所祀之先賢非有過此而今不間儒生之罪先去

秩祀之重有若罪在术祠院者無乃過歟於宇那今祠院既掇鄉邑蕭條發誦之聲寂寥

無聞揖讓之容興之真見禮冕學田沒為公府之物學賣聖經賢籍併歸坊曲之抛棄人文

八於悔塵士氣折於卬堆讀法有規而衣冠無一席之序坐兩丁薜至而莠雀無一臣之侑

誠所可見者惟敷礫殘碑茂卅寒烟漲目而傷心而已此治世之好氣懷耶神人共所

幽盍干和永旱疾疫亦有感召之理臣等雖未敢仰覬乎造而不可謂今日之無其兆

此尤不亦懍之矣乎雖趾天道十年而一變久情久盍而必伸今如蒙殿下廊博乾剛亟

禮義文物之聖教剔轉教之間王化風行捍顧之中衆志雷歡　聖朝太平萬世之休

賜及汗下惻惻之教申復說之令使之立棟宇於遺壞陳俎豆尤先賢重返戎三百年

沿可搣目而睹此臣等亦當洗心滌慮改舊盈新冠儒冠而八儒宮勗儒衿而敎儒

行以報若大聖人其天無極之興浩此臣等無任儜越戰兢激切祈焉之至謹昧死以

聞

　　登徹

　　金谷首佐草

　　批曰省覽其悉此豈遠島之事乎軍等退修學業

伏以帝王之立人極而御區宇以吾道為正脈以多士為元氣正脈義微則禮樂不與元氣削弱則綱

維不張自古及今其勢然也恭惟我　國家崇尚重道光秩兆典作士與儒璔養義理其或斯文

有與襲朝政有闕失則上有太學之生逶下至書院之章布莫不披肝瀝膽極言敢論引吾身於

堯舜申大義於安危以佐成一王之休治者五百年間指不勝僂故　國勢由是而益舉正論由

違而益舉至今無弊冠冕所之風有維持整裝之圜以吾東禮義文教之所必重於天下也

18

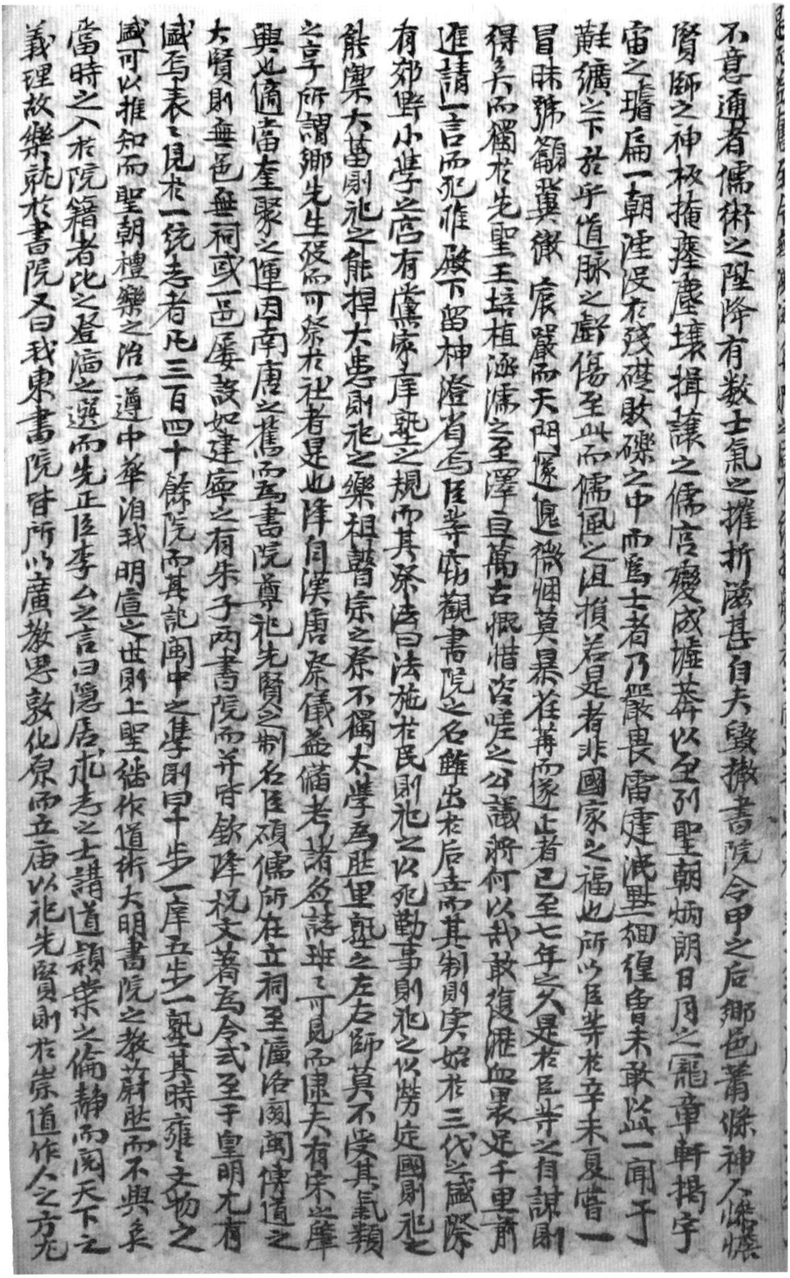
不意通者儒術之陞降有數士氣之摧折滋甚自夫毁撤書院令甲之后鄉邑蕭條神人懷
賢躅之神栖掩塵塵壞揖讓之儒宮變成墟莽以至列聖朝炳朗日月之寵章軒揭宇
宙之璿扁一朝湮沒於殘礎敗礫之中而爲士者乃嚴畏雷霆泯默緬復曾未敢以一聞于
黈纊之下於乎道脈之斷傷至此而儒風之沮損若是者非國家之福也所以臣等於辛未夏嘗一
冒昧籲冀徹宸嚴而天門遂遠微悃莫暴荏苒因循遂止者已至七年之久是於臣等之自謀則
得矣而獨於先聖王培植涵濡之至澤與萬古慨惜咨嗟之公議將何以報敢復瀝血累趼千里齎
進請以一言而死惟殿下留神澄省焉臣等竊覩書院之名雖出於后世而其制則實始於三代之盛際
有郊遂小學之宮有黨庠序塾之規而其祭法曰法施於民則祀之以死勤事則祀之以勞定國則祀之
能禦大菑則祀之能捍大患則祀之樂祖瞽宗之祭不獨太學爲然里塾之左右師莫不受其氣類
之享所謂鄉先生歿而可祭於社者是也降自漢唐祭儀益備考諸方誌班班可見而逮夫有宋崇尊
興學適當奎聚之運因南唐之舊而爲書院尊祀先賢之制名臣碩儒所在立祠至濂洛關閩傳道之
大賢則無邑無祠或一邑屢設如建寧之有朱子兩書院而并皆欽降祝文著爲令式至于皇明尤有
盛焉表表見於一統志者凡三百四十餘院而其說閩中之學則曰十步一庠五步一塾其時雍之化之
盛可以推知而聖朝禮樂之治一遵中華洎我明宣之世則上聖繼作道術大明書院之教蔚然而興矣
當時之人於院籍者比之登瀛之選而先正臣李公之言曰隱居求志之士講道肄業之餘靜而閱天下之
義理故樂就於書院又曰我東書院皆所以廣教思敦化原而立廟以祀先賢則於崇道作人之方尤

19

烏備也蓋自是人才之作與名教之扶植無二不由於書院而或不幸有國家之緩急則一時忠義之士

文諭各院首舉義旗為先取糧於學廩排部於院門為聯首爭死之地華而其約束廩多於

院藏之贍錄百世之下可按而行之此亦三代學宮講武之遺

於方來不可一日廢於國家者如彼惟其世級闡降俗尚彌文事學規多至於墮壞冒設游興於艷然久

而生斁因亦事勢之所不免也故向者二三議事之臣始有書院議禁之論而列聖崇慎斟酌商定

南廟甲午乃有限年勿建之威令英廟辛酉冒限撤享之申令聖人之意欲挽末失而誓顧風也

何嘗併及於大賢當祀之書院哉故甚之遂也申者還復或特命宣額德意天涵教化風動而若正廟

立於嶺南則眷顧尤至嘗教曰湖山鄉社之間講誦相聞家之講禮入之程朱又以為邪教之獨不染於儒廟

南致府陶山書院御題特施以試士廩興之寵典其所以表章書院之隆乎豈非有過出於外并為撤

遂遂英并撤原初建設之書院為此大更張大警動之處分區辨聞命惶越臨淵集於方自有省

弦之不暇而荐以為書院之士果有生斁之端則是蕀在儒生此師祀之先賢非有過出於今不問儒

生之衆先去秩祀之典有名罪在於祠院而無乃矯枉之過直乎其時判下有曰文廟縱享之外并為撤

享夫聖庙服食之典一有而道同德合相為伯仲者婦傳承後沒俗佑后學者先朝許廬

請隆應歷而末及眾兄者雖有崇報之德而既無德業之後先而賊無德業之後殊則朝家禮祀之秩恐不當居是截

些又自忠義大節不可無崇報之地夫忠義報國宣但為當亂殉身制國家之事亦又不一復危

端及自刀扶社稷身屍食流而死者或有倡義起義起

固有自知之明既不可自欺之人觀此冒進又有私情大前迫老母年近八旬自夏間來遭以來因疚
致損氣息奄奄近添別症委臥床芳生無他兄弟雖有數三子侄皆稚年渺覺提養之郎調治之
方瞬豈不知生之所處尤不可離倒走遠由前言之有難冒之實狀由后言遭有難雖之其情佐頗豈
尊俯賜諒察丞刊生之姓名水任錄俾安私分千万幸甚

金谷頓首單子

印憤　金尊肇佐以生發佐寓若積衰頹瀾漫不省悶外事而栖聞金君子當此斯文戔墜之會
兩冀皓天必復之理已至齊會全省中藜大藏高峯慞忉間之詐而首偃尊兄乃一道吾林之坐方
為煉動欽眼屈指行期日詥造道之好音而今不意巧鞏調拼屢奉單辭承三云及謂屬殷棐雖
知其事到機迫無路旋轉不得已致此万々無似之忝代而兩弟以體大人輕驚嚴扈宏不可覩此承
廨廉棊觀聽已足區々私義重緣通來々疾病沈演當寒益劇際此隣名千里前進九事郵之
所未由此情實如此非出師讓佐頫　金尊曲廳諒察丞賜鋳進別加簡選以數夫安檄分千万甚

酉谷頫首抵綛修會中書

一陽將復寒威未甚崝怀惟　金密獲句相萬重聞遠路金君子多致涉赴會尊禹之誠令人歎仰似
病苦塊伏之跡其罪愧儻何以吾柬抖䔍之院齊會敦事正所謂寀則及本冩後昌之北漲所企祝
耳理夏一味沈綿其不能動作之狀成朴兩兒之所目睹而達分不諒本情感不致訝否且盛峯垂

又忝之際將重之翰辱忻佐﹙﹚復使峡賓女星病之人反差烏人舍所輕重九切陳尺其阱欸倪集

入京鞹住只在　尊處之從長區慮非遽作者之所可容錄惟向直遽克敦大事是區之所供祝

耳仍令並老隆聲未嘗與一道僉賢面〻敍悟因錄幸會獲遂傾盡之顏是私心所切之而竟

不得追趍什麈信乎寓屋之無分枝交際且窮寒涉遠之什末能躬躬儀道周極又悵惘箴以

智布微忱耳製凱諸公必多入巡而恨未奉閱區〻抽識妄有携草而其不堪用甚泵況其人

智其夫在所庸所耳餘惟祝　益行孝慎重大護神人扶護之力克斃大事以副下忱千万至祝

又抵金谷首席書

秋抄歷訪欣滃積懷而暮途奉別尚有悵懣及筊斯文有事之日念德九深郎聞輿壁所

属重任有歸吾林明張之輩頓霰一倍光鮮豈此事君有陰騰使軽茂者嬰〻病而有惟遠

帶能識禮讓之義儘覽自幸率呵〻庶想高駕已御光臨道席即惟〻體履篤加崇相

廟觀襄力勁健沖養有孝隆康速役何處乎惲損賢壺之眼无恝自有扶護之力以向時克

之所以勉生等者作勉耳弟自冬初宿崇軋八阮餘浮膝顓疼氣喘洽翔妾苦似非妾之祟造

物〻假残生亦已多矣復何欺恨惟未死前得見吾道之重明是一念坐幸者耳兄自勉一代醒邦

自此一舉幸克竣大事便此〻跂伏者賫得悟諠〻致麈之氣千万惟祝餘行事保重以尉同志之懷不備

金谷首席答書

向者一宿之欵略紓累年〻蘊積之抱而届指道會之期況茲已過方謂舉斋〻景臨遠〻空垂蒸而匪意

兄體巧值失攝承之〻及經屬無似大事輕重之時刻轉憂極切惶汗揣分量力理合鎰免軋事

到期追單辭見還章甫累臨不得已冒疾強疾前到級院前祖源上令抽致罷殘累之禍愓之言
無異重奉色笑辭夫討盡雖其派分之行愧甚些重至際之敦諭德音將為梱載而西矣一味感昌
佳僕之半未甯其閒調瘇加減何如冲養有素似出避近不必過致憂慮而未聞趨之復之前軀
一題顯何可暫弛于中耶弟積養且病徃荷重撥直一儂僕之頂俗此蚤夜思惟惟耗無處復安而
已萬無以彼持省勉之策姑於人已閒未可容易下轉諒此所待道為緒公直前扛
紛�- 一番摧裂之餘因此克濟不無其堅以違慰章嘅製珠藥醴蘇直醺藉所謂
君子之言藹如者也但來中閒歴叙處似頗引而伸之故欲講其補加簡郎而行頗似追逎無窮進復
不得已臨寫勘過則正如萬閒大廈閒架已宛區之轉匠之輕加轉動深有可指之俱故今一從泉藻
聱頓而其不兒累初僧健下手者蓋一延公議而廷此如賜覽彼當報此弄之為吾兄苦芯
力今不必指一二之此鄒州初不之挿入外料不待感教已至別構而甚不堪用其因兄蕖而黙定者似
為稍穩而終不如難割裂故已累誕美謀之歩平本辱之行迫在明目帛厭栗在所長絛漫之未郊蕖相
庭頭何似克底所謂自處閒地教人出來者不能無感於良何斯文有事之告於先師
既有故事則亦於此地作此會先由沒詳似非義起且所不文字誅為鄭重有延以感徹神明憎侫士氣尤可
慰也酬應浩劇僕陳作此惇祈千萬善保早收勿藥以副千里之望不儯

今庚已半節首陽復大進渝之履勘上財千萬益之不任摻石其閒経毒情蓋成裏閒自愉布已

24

道內復院統事已至圖省會封函有期而非意首任以実病三單見遞承之之反諛屬無狀掃
己量分抵今鑷兄而見今辭單已還童南禮速以屢百道儒之曠留已以昇刻韓海眾追備至
無路出場此亦無事生事因郙善處不得以明月閒爲前進終院胃康輸顔之詩紀鑑大軒
必取頤路將何以克辭武所蟀幸者惟外閒有是吾顧宗主大眾當此文邊眛廟屋卽離言
其所歷血延彈誠圖有以伸大義於一世皆多士之瞻聽者必萬有僞米人幸垂言指揮之教使得
奉而周延如何區之之肯毙笔怒令所發諸之膽聽見義必從視以中表之一室者且六十
年矢知蒙趁此遠行同辭等令以育將伯之助則其生道受賜吳廣龍閒山上更第一大長城耶
至於二三子有之端此事既係通國大義則元無畔限惟其所在各伸其義可處如此
推車心在在車巳矣閒齊心共推者之爲人合彼以徒平之爲誤執柢是有見於此而巳其外則非所敢知
未知於金意果何如程子曰曠廢學古人此賢進於座下卒勑之華文珠諒善後暈義理酌輕重而處之千萬之願
下無所短長乃棄榆雖無錢憒受胥胎間梁子致死之義禍福之來無非命也柢待逸化命涵商處
此歲芳年迫此宗楡雖無所顧細無二毫弖意元無界域惟中國爲二人底意吾輩雖第而在
足矢臨別惘怅他無所弖惟祝名保康深則此望是

安東水南諸儒抵紹修會中書

虎通之抵三溪后道會所金議以防冤責房儒敎店具諸咸以書

自辭

吾林積幾年折远之眤全今日爲乃有伸暴之擧遠通一齊爰瞻齡俱舉傾此攈屐擧亦辛少須更得
見士氣之復振而末由趁進藏席奉承諸論竟使權方暹副之節一任僉君子賢勞秪功欽欽怏

脈使者乌有朝廷至于閭巷何莫非尊其賢墓其先者乎天下之公共者義理也人情之尊基者先師大論已
定同轍十相匯冒寒暑詣白刃剛事當家出力之地誠席卷而進載輸巔坐立同志性而荒蕪厲力公私
濫現雖不能雨三同赴吾南之祠院中一儒士衆中頁不乎一赴晉而筋相有遊行實未及會俱家即匪赴者
則及其國門外掲疏之日摔某康見院之中老有開衆者悲不免背賢忘先之遠施罰圆中侭赴得回歸未
林会意之此何且生更進會未赴共敦議巴渡兒娘痛未遑及敗未得隆誠遷切雖懷月明間於什程發金查
豐邑而祭你老白同實是正金君子匯路之便暫休歇所十方功祀

解院溪行時通道丙文
老郎

伏以祠院復設說論已於初秋花游之際八月部廿一會已盡之美今遠通齋赴紮期發行之此酉谷首席病
單連到固知七聖沈慮有難德之實生事以冒昧直前誠不得巳及萬請連封酌軟繁帝惜乎士氣不
張來去難一同事共濟之誼少暇時觀坐之意幸有舉一色全門姑終不希乎又或有藤進旅坐無
意向前者此或得不衛身有便之道而猶無覬然勝陛有舉一義幸金尊岑燦暇日誠惜過鞠茂之
墙察來多之場目見禎毛敗碟浪藉逢泥歸而思夫衡衷伕遠排崖世閣之事剛目下燦室高柈其業附安
于心而穩起其眠邪生等地不勝快陛中勢在臨溪之席脉在家金尊亦未必有別腋東乾卽匪
也隆須起送諸負大同歸一無使瞻聆致詐感之端大事有未圓之歎千万幸也

虎溪諸儒通三溪文

解修會前言以此通投溪院欲道兩谷統首行許

伏惟同天下公共者義理而随情势相参者人事也見今維修之會期目巳迫尼我東教之裏者孰不萬赴哉

第伏念前啓之風威有難冒行吾儕之志莫可鼓動則此生等所須陳懇見起遂儒生於齒册之席者未

為無輩度於後豈進退之間者也此近之二啓懷恢則生等固不敢以逕見之不見采納有所前

却而已用各處使生無治蹶之勢湖上存簡書有妨傳之論是盡萬二中正義此生等茲敢瞀會爛

議徒進　同事　共濟之誠伏頥金章萬加周催僶俛大事若　鄭董之此二千万幸甚

柳致宅　　金奎洛　李敦稷　　權守仁　李漢榮　金鎭彙　前都事金興洛

年月日　金侃壽

晋州儒生通報會文

里生等伏事義理之事最性所同而顓祇責省先倡方漢世忍服八月今開有二十九日有道所文字故郎為圖

各備陳事機而今見再見通鄕之即先似不及入覽而紀修渝流之流又到矣忍宇循環之天積誠之地八周宇

金賢之倡論已盡其在同督之義昌敢威瘼而訐日量勤有不得不此者一遠流伏仗一遠抺

間錢方以今二十九日定伏生直遂漢师跣厅而街恭道論之敎訴扵細鄕之或後故茲以命催人签俛伏

頤金君子謀大同之論敢敢大事之地千万幸甚

抵太学字通文

金谷

伏以斯文之正脉柯天而同陲吾林之公議有時而必伸今生等以國固祠院復設之大義洗跣前進董徹宸

梳而亦惟賢驙足元氣之所萃圖論之所定祐歠崋方人齊茆之裏情質百世建築之裏東伏頤特賜

扶衛同贊以齊吾值岌儒林千万幸甚

伏閱時通本道列邑文

老村

姑伏在丁丑十二月初三日丙戌庚正月發文盖通爰伏所闕之邑也

伏以復院疏擧已於前秋花府疏廳之通備悉矣維修會告發洽滿發翔閽門外呼伏殆過數旬而貴邑疏
員尙未見到公費亦無收送想必緣遠地風聞之誤竟使觸目之難而因循以致此也豈或有別般未執
而然耶第惟處分未下曠日消久生病者不得已歸鄕留伏者無以備資用且下零星之捧窘迫之狀
誠不進以修人事而格天心也旣張之擧不可以中撤旣伏之儒不可以徑退茲有廳中發文更告于在鄕列邑
僉君子其在各復先院各衛先師之誠想不以坐立而異其議也望須趁速儒生以爲從后繼伏之地
輸送公費以益同事共濟之策千万幸甚

疏廳使令林石鳴抵列邑首僕私通

右通者今此復院疏擧自是士林之大同義理而貴鄕則尙不治送疏儒又未輸送公費殊甚慨然今
伏聞有司資用艱蹙竭不得已排錄列邑爲先以每月一兩頭一錢送引用于該邑京邸吏處貴鄕則
幾十餘也通到之日趁卽備傳收送從速報償之地幸甚

承 批還鄕時通道內文 金石

伏以前歲十一月中生等以祠院請復事奉疏叫閽以十二月初三日始爲伏閤備經寒苦積至五十
餘日而今正月二十五日早朝始克登徹恩批若曰省疏具悉此豈遽爲之事乎爾等退修學業聖
意天地包容可爲於方來者至深且渥感戴與洪造普均攢祝亟欲仰體隆旨徒爲封章準蒙
準請之處分而延着七道多士已至設廳治疏于尾署公廨閏以來月旬間期於伏閤俱是同聲之
義理而相續封疏便亦申請之再疏也故姑先退歸徐待完就若八道之疏遂至崇允則均

爲斯文多幸如或未能則姑以今三四月間重議再擧

終受大聖人始終無違之澤是今日區區之顒祝也

於始議之初輒陳鄙生輩之志惟金君子俯惣預選恨東以報更報再三以爲危拜陳懇之如

壬乃善甚

通諭修書院文

伏惟生等玆請復祠院事封號貴院仰顧九閭積至五十餘月未克屋用褐惟金尊永圖一夏勤市

近者固儒匡陳章特命捧八圈批若曰此豈廟爲之事半角等退修進立某聖意之天涇地倉示微

古术方美者實至深且憂矣欲仰體洪造重遇遏昜甚惡家漁下以咸而顧今人仁者

上禀

僉士氣憤俟七道儒章依閭前來初均是舉國同興之義理宗相續封函亦無恙先生寺之爲

再續也故以至千里遠邇厲水此同湯因靠异請吳瘝危拜建豫斯天大義式武庭或有次第准請之請

崖者良緣今行之娥事求方首綱之院圈受賜打金賢極力之助有右神州共犬今善僉以致生事者

今日也非不欲相年耕進其閭國而道里相左甚勢末由政府未各身卿務之席輒陳近同情慮之政

僉修千里起居之閭惟僉尊有以諒之幸世

七道諭廳儒生金體事

七道諭廳儒生抵嶺南諸廳簡通

惟誰篤汪蕋牛金體事萬旺封章已久尙未覊徹殼不昧惺勞業亦此道之會請復祠院事方欲香

聲時聞故登取伊先吖下諫章並

七道之會所通嶺南諸廳文

發文有司 鄭元錫 趙徹夏 李鍾益

右為通論事蓋自三代以后興學校設祠院所以尊儒術排吾教即有國之元氣此道義德業之卓越也秦然

節之起擧國瞻食之世況吾之盡日雷出於先王之祭廟特補小中華者禮宋文物冠於天下模擬三代威儀斯文在此

經大僑此於戲威哉惟我東那偏在海隅特補小中華者禮宋文物冠於天下模擬三代威儀斯文在此

綱常未墜祠院之設孟出於先王之意義花見于士林興起而朝家賜頟守之是故先賢祠

儀之所述逝賞之地有或異設而不屑有或配享亭而無嫁乃士林所憑尊敬愛慕之悃朝家所以培養士氣之

以冠儒眼儒者全昧瞻慕之微意者作私之貨質濫祠院之重而知為武斷之資無賴出後自定非新

竊是以勇在丙廣至有駿據之命宜出扎警飭頽額之大更張地賤人不去告朝兰韻羊遇是愛禮之

本意近祠蔡先賢妾之所後學晃邦之地也忍作蓬萬之場慕兰而悽愴夺在郊野老香舜行發措

懲玉右俱焚好亦凄失億星移事晚此今宇內性命之倫莫不齊盜與威是宣师為斯文之不幸也已

敢陳
聖朝右文之意並蒙賢祠復設之命必重祀典必明儒教事

請復祠院上疏大衆
　　　　　　有司　鄭元錫　趙彰夏　李鍾益　洪在奎　金君濟　俞致□

前修撰朴周雲疏草

伏以古之聖帝明王納工藝之諫待蒭蕘輩之扣不以賤賤而忽之者通下情此況平士者有國之元氣而所言

爲斯道斯文之亟於卦畫者嶺南儒生以書院請復事　大護軍鄭翰奴會于安東舟會于慙城三會于順

與一道同聲萬人一聲名有兩年十月初三日乃乘休于國門之外今日書院之廢復尼隊來東土衣冠

應氣之倫有三者皆頗有臣言者皆以而邊諸生之邦膽聆所及歟不聞歟而陛下深居九重軒陛遠儀

骨肉困地膚幸若疾病軍竟有顯什惰發之時　關侍命者已爲閱月經歲尙未登聞途至祈寒砥

何以知外間儒生之慘業至此耶於牛書院以爲中國敎化之本大東禮義之原儒統失臣不必哭畢

而首伏讀我　英廟宋菴院諡曰此其五百年高麗之根基也天下無藏比則今者儒生之請復在陛下

士藏書而謹逾非有崇道尊賢之實爲爲有國如有聖言儉泰者況乎我國朝之爲書

院坐其扶正闡異明倫秩祀爲万億年斯文之倡沭震氏之所万一撮護此則不可以貴布廣賊之言所徒廢此為

者廣通國之夫義理此可謂建天地質鬼神而來有諍刊天下万世者則不可以貴布廣賊之言所徒廢此為

矣其所以爲請者不在於孤祀之猥穰此欲復先朝之額院進夫名世之賢祠而眞集威進于田影各有私

備上不干公事其營送室室劚姑歓芽茨下不煩民分長於末死之前而復圖儀飲誦之禮教

以報吾烈聖祖崇儒重道之深仁之孚孚而已夫此者盖將無損於民國有補於名敎一轉移而修百廣之至願

慰悅神人感名择利以基我　聖子神揉万之億無一種之業當進夫寒下慙憫之編言計復國內儿賢院則其

恩於芀苶之中而復邊答復之末生死肉骨廉粉莫酬且堅於丙丁冬安欽狂誓冀陳復院而至歲萅隆

念之聖批感戴漢和彌增頌結兹復千里前進不敢言私樓舉國人之公議不知所之惟　陛下當神揆物爲

九閽捧拱北辰經年封事紓生塵嶺梅消息春光早禁柳精神日影新天意應復來

復理微誠難徹聞重圍准平興伏南歸雁惜別深情招故人

十載經營通此辰洛誠千里染塵儒章閱歲誠懽春德延寒氣力新春意此雁先北

　　　　進士李炳商

關夕陽無限下西闈誠著玉弟金冠客義理心肝幾當人

　　蔡鯉海

義理吾東拱业辰南儒齊涉遊西塵十年恢忍賢祠古四朝支維士氣新獎簫勲通廛

　　宋在觀

坐時闇誠力動城闈很隨長充希進末千里嶺雲一樣人

不幸斯文幾隆辰諸僑斗街塵輿情抒盂思仍舊墾意恢弘顏改新城光兒飢寒徇功

膚那堪風馬牖重圍此應承批羣鄉日算聽橋門許万人

　　　黃泠鐵 謹次

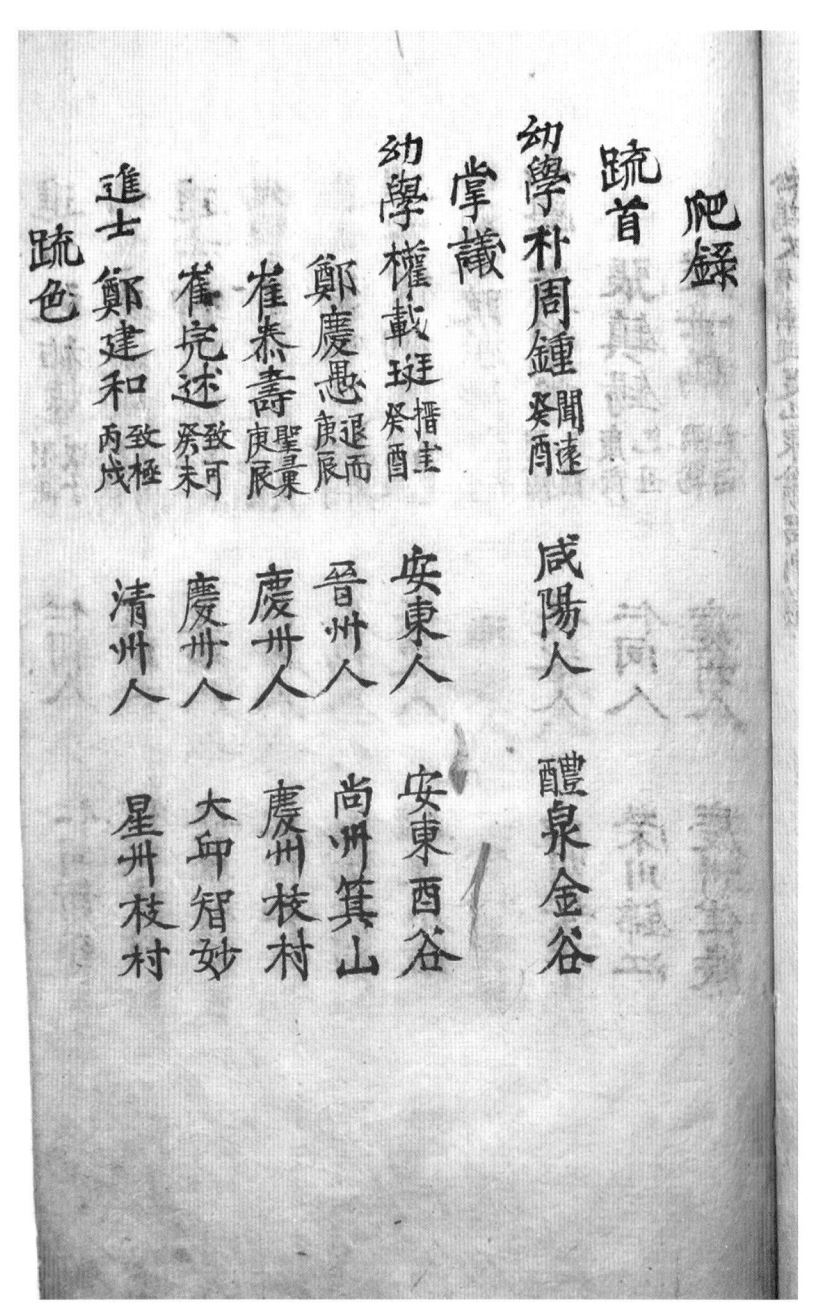

爬錄

疏首
幼學朴周鍾　聞遠　癸酉　咸陽人　醴泉金谷

掌議
幼學權載斑　播圭　癸酉　安東人　安東西谷
　　鄭慶愚　退而　庚辰　晉州人　尚州箕山
　　崔恭壽　聖叟　庚辰　慶州人　慶州枝村
　　崔完述　務啇　癸酉　慶州人　大邱智妙
進士　鄭建和　致極　丙戌　清州人　星州枝村

疏色

進士張祐遠 羽薰 戊子 仁同人 仁同新谷

幼學李晚正 縋洞 庚寅 眞寶人 禮安遠村

進士柳道藑 童一 庚寅 豊山人 安東河回

幼學曹有槐 其文 庚寅 昌寧人 永川知日

孫相秀 俊可 乙酉 密陽人 密陽校洞

進士權綱夏 景淑 癸巳 安東人 醴泉小渚

製疏

幼學黃蘭善 同輔 乙酉 長水人 尚州安平

張鎮錫 康彦 己丑 仁同人 榮川錦江

崔世鶴 □錫 乙酉 慶州人 慶州佳巖

<table>
<tr><td>權相穆 英一</td><td>安東人</td><td>安東酉谷</td></tr>
</table>

擇疏

進士李鍾祥 大而 庚辰　固城人　安東法興

幼學安浩洲 孟賟 丁亥　順興人　順興廣麓

寫疏

進士李中斗 運卿 丙申　真寶人　禮安下溪

幼學權相琦 擎日 丙申　安東人　安東西谷

金書林 洛汝 壬寅　義城人　星州沙月

徐相健 公建 癸卯　大邱人　順興沙川

朴義集 養直 丙午　咸陽人　醴泉金谷

李鍾禹 大演 丁未 羽溪人 順興沙堤

金憲奎 文述 己酉 宣城人 順興文丹

蔡龜海 洛應 庚戌 仁川人 大邱渼坧

陪疏

幼學 朴秀五 箕五 丁亥 密陽人 清道薪旨

金壽洲 箕源 戊子 延安人 榮川斗巖

許鋾 致剛 戊子 河陽人 河陽沙村

朴祐永 仁彦 庚子 密陽人 密陽玄浦

筆行

幼學 崔世邁 英夫 甲午 慶州人 慶州佳巖

李景善 瑞雲 甲午　固城人　清道柳湖

姜濬永 士玄 戊戌　晋州人　㳛谷上枝

宋在觀 光國 庚戌　冶城人　順興道峰

金佑奭 孟勳 癸丑　金海人　清道紫溪

白東浩 震彦 甲午榜　扶餘人　梁山佳村

都廳

進士 李炳商 子靜 庚寅　眞寳人　紫川新川

權世淵 祖源 丙申　安東人　安東酉谷

初學 李能鏖 温東 己丑　驪江人　慶州良洞

進士 張錫熙 晦伯 戊戌　仁同人　仁同角山

幼學孫在龜 〔周玄 辛丑〕　密陽人　　密陽茶原

奉疏

張祐遠

李炳商

讀疏

權世淵

李中斗

直日

幼學金度永 〔衛一 丁未〕　義城人　安東海底

朴顯承 〔周緒 戊戌〕　務安人　順興花川

進士李善河 甲日丙午　　　　慶州人　　醴泉龍山

幼學金祖均 庚遠癸卯　　　　安東人　　尙州保村

朴斗鎭 建七庚戌　　　　　　咸陽人　　醴泉金谷

朴禧壽 永休癸卯　　　　　　潘南人　　榮川蟠谷

蔡圭植 敬容癸丑　　　　　　仁川人　　尙州縣村

侍行

幼學朴莘鎭 叔觀丁巳　　　　咸陽人　　醴泉金谷

公事員

幼學李晩正

李能塵

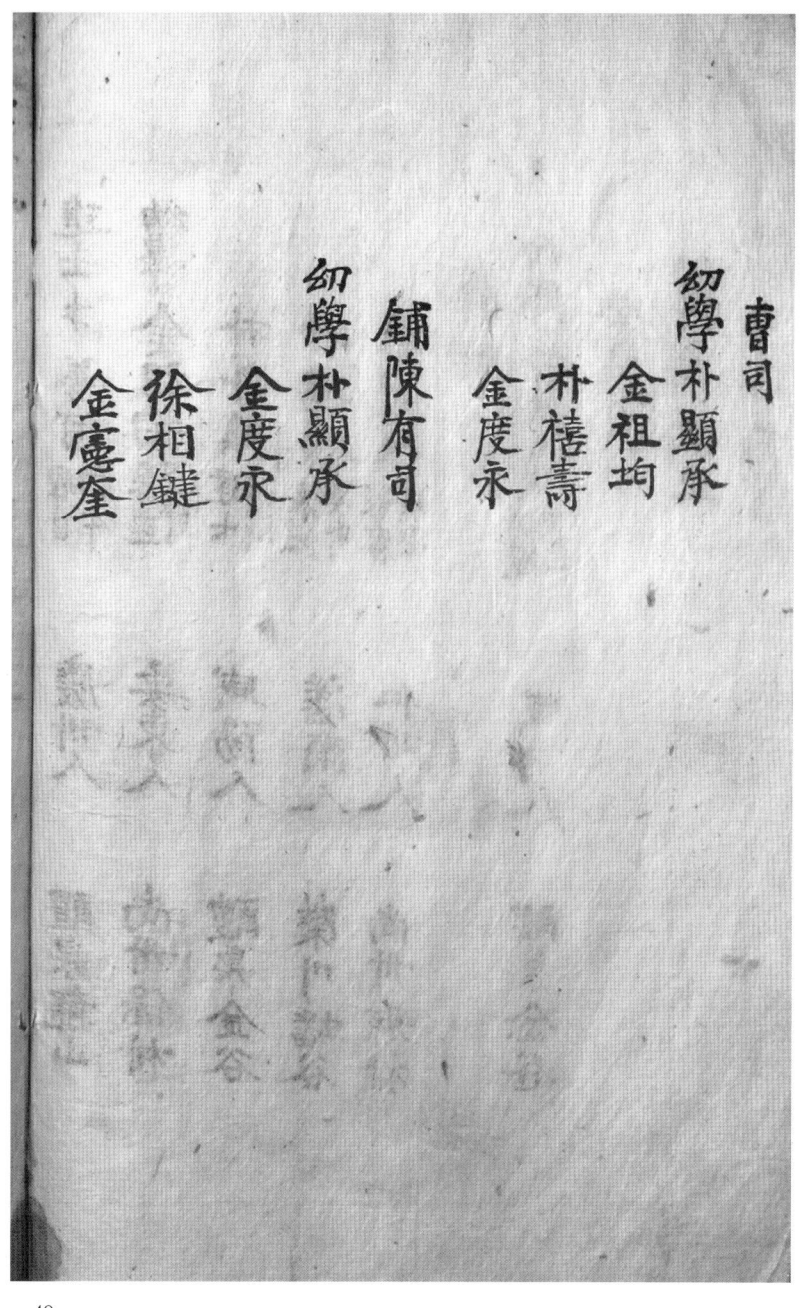

曹司

幼學朴顯承

金祖均

朴禧壽

金度永

鋪陳有司

幼學朴顯承

金度永

徐相鍵

金憲奎

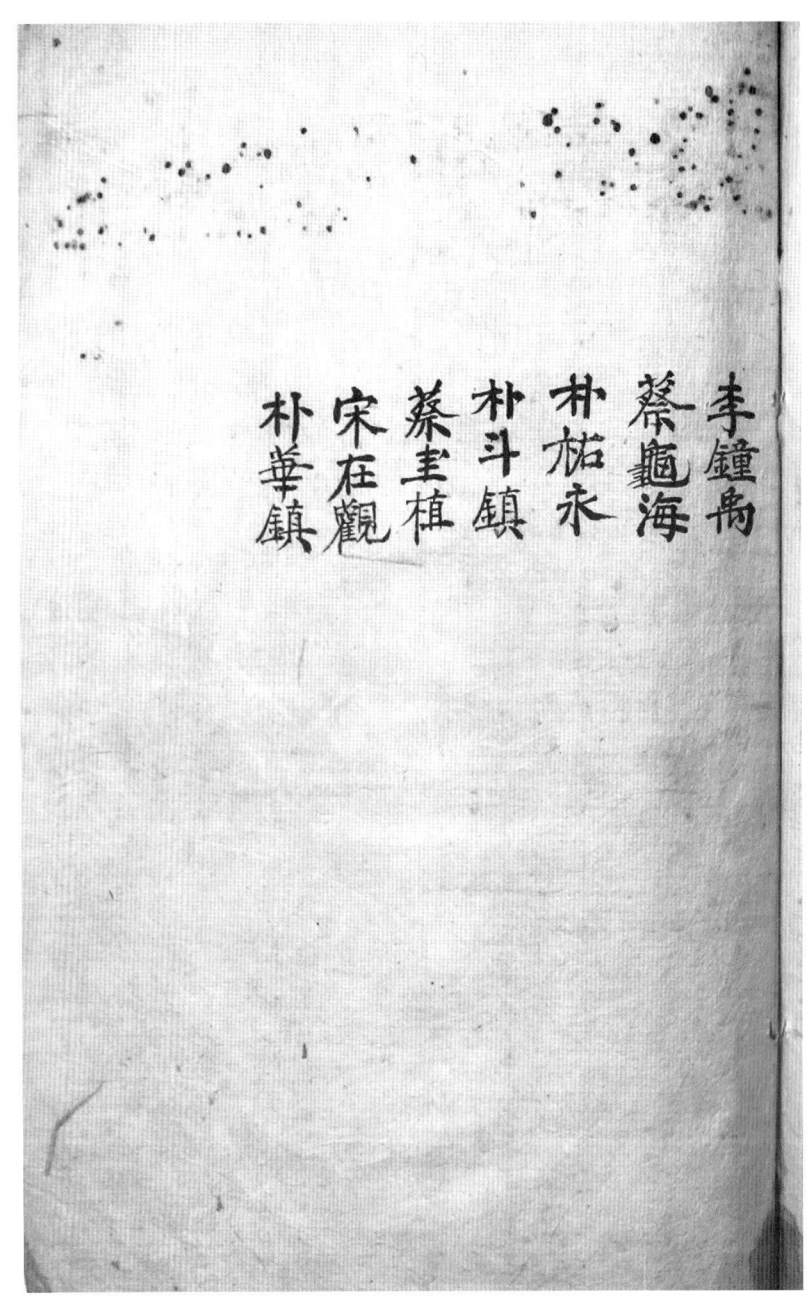

李鐘嵒
蔡龜海
朴祐永
朴斗鎮
蔡圭植
宋在觀
朴華鎮

41

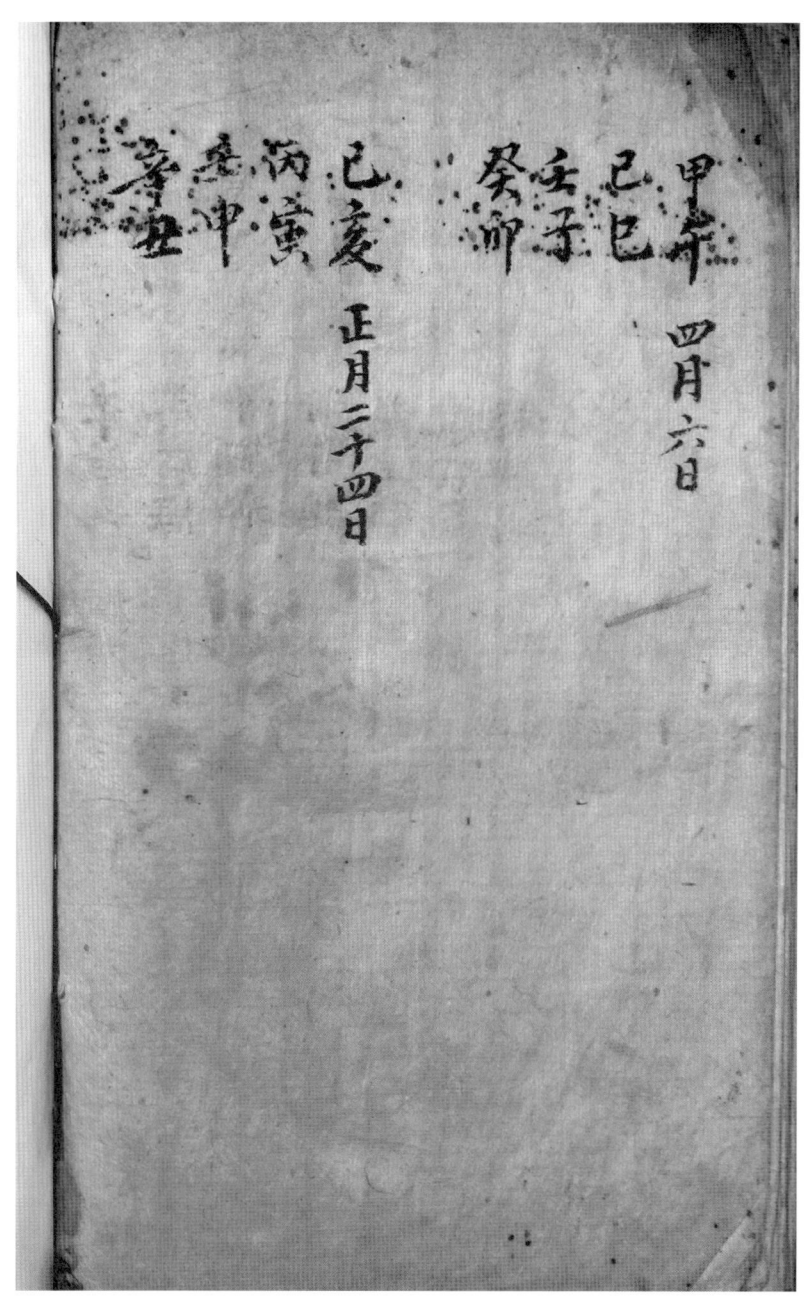

甲午　四月六日

己巳

癸卯　壬子

己亥　正月二十四日

丙寅

癸申

辛丑

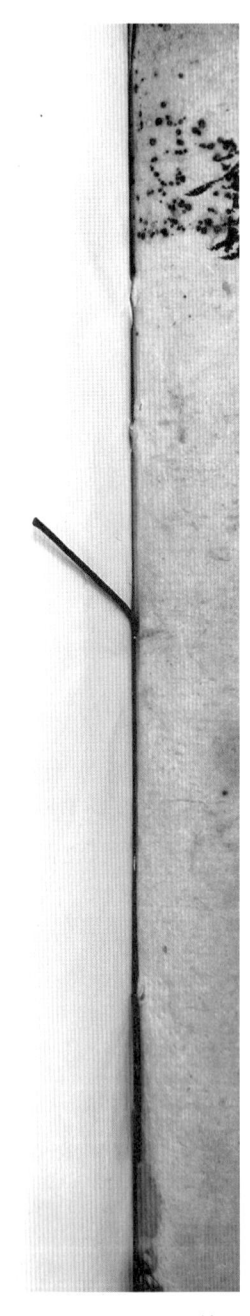

43

44